KB009369

인권연대의

청소년

인권연대의 청소년 인권 특강

제1판 제1쇄 발행일 2018년 11월 13일
제1판 제5쇄 발행일 2023년 5월 5일

글 _ 김형수, 김홍미리, 오창익, 박홍식, 이문영, 서민
기획 _ 인권연대, 책도둑(박정훈, 박정식, 김민호)
디자인 _ 채홍디자인
펴낸이 _ 김은지
펴낸곳 _ 철수와영희
등록번호 _ 제319-2005-42호
주소 _ 서울시 마포구 월드컵로 65, 302호(망원동, 양경회관)
전화 _ (02)332-0815
팩스 _ (02)6003-1958
전자우편 _ chulsu815@hanmail.net

ISBN 979-11-88215-17-1 43330

철수와영희 출판사는 '어린이' 철수와 영희, '어른' 철수와 영희에게
도움 되는 책을 펴내기 위해 노력합니다.

인권연대의 청소년

장애, 페미니즘, 불평등, 고전 공부, 평화, 남녀로 바라본 인권 이야기

김형수, 김홍미리, 오창익, 박흥식, 이문영, 서민

철수와영희

머리말

인권을 통해 살펴보는 우리 삶의 선택

평화를 빕니다.

어떤 사안에 대한 입장이 첨예하게 갈리는 경우가 곧잘 있습니다. 이를테면 제주에 온 500여 명의 예멘 난민에 대한 반응이 그랬습니다. 한쪽에선 범죄가 늘어날 거란 등의 이유로 결사적으로 반대했고, 다른 한쪽은 우리를 찾아온 손님들을 따뜻하게 맞아야 한다고 했습니다. 같은 기독교 신자여도 누구는 한국이 무슬림화될 거라며 반대했고, 다른 한쪽은 예수님도 이주민 출신이라며 환대해야 한다고 했습니다. 꼭 난민 문제만이 아니라, 다양한 사회적 쟁점에서 의견이 갈리고, 때론 충돌까지 벌어지는 모습은 이제 흔한 풍경이 되었습니다.

다양한 의견이 존재하는 민주주의 사회이기에 여러 의견으로 갈리는 것은 자연스러운 일입니다. 그런데 단순히 의견만 달리하는 거라면 별문제가 없겠지만, 문제는 누군가를 차별하거나 노골적으로 혐오하는 경우가 적지 않다는 것입니다. 이미 차별과 혐오는 아주 심각한 사회 문제가 되어 버렸습니다.

이 책에는 우리 사회가 직면한 고민에 대한 답을 찾는 과정이 담겨 있습니다. 김홍미리 선생님과 서민 선생님의 안내로 만나는 젠더 문제도 그렇습니다. 성별의 차이는 인류의 존재 기반입니다. 모든 사람은 어머니의 자식이며 또한 아버지의 자식이기도 합니다. 그런데 단지 성이 다르다는 이유만으로 차별을 일삼고, 더 심각하게는 아예 어떤 성을 혐오의 대상으로 여기는 경우도 적지 않습니다. 어떻게 우리들의 마음속에 이렇게까지 미움이 많을까 싶습니다.

생각은 얼마든지 다를 수 있지만, 사람에게는 일종의 넘지 않아야 할 선 같은 게 있습니다. 세월호 유족들 앞에서 '폭식 투쟁'을 벌이는 경우가 그렇습니다. 그런 것도 '투쟁'이라 부를 수 있는지 모르지만, 누군가 자식을 잃고 아파한다면, 그건 어떤 경우든 조롱의 대상이 될 수 없습니다. 이런 패륜적 행동들이 지난 정권 때의 일에만 그치는 게 아니라, 여태 계속되고 있으며, 어쩌면 앞으로도 계속될 것 같은 불안감이 들기도 합니다.

여러 가지 까닭이 있겠지만, 가장 큰 문제는 우리 사회 구성원들이 함께 동의할 수 있는, 아니 구성원들이라면 모두 동의해야 하는 가치를 놓치고 있는 것입니다. 그 가치는 바로 헌법 원칙, 헌법 정신이며, 그 헌법 정신의 핵심이 바로 인권입니다. 그렇지만 인권이란 말은 여전히 낯설기만 합니다. 한국만이 아니라, 국제 사회의 모든 문명국가들이 함께 지지하는 보편적 가치임에도 불구하고, 인권의 원칙이 외면당하는 일들은 일상적으로 일어나고 있고, 심지어 개념조차 낯설게 여겨지는 것은 매우 불행한 일입니다.

이 책을 펴내는 까닭이 바로 여기에 있습니다. 장애, 여성, 불평등이라는 주제를 통해, 때론 고전과 영화나 톨스토이 같은 인물, 심지어 기생충을 통해 인권을 살펴보면서 결국 우리의 선택이 어때야 하는지를 가늠하려는 것입니다.

특별히 청소년들을 염두에 두고 이 책을 펴낸 까닭은 청소년들의 새로운 시작을 돕고 싶기 때문입니다. 세상이 바뀌고 있습니다. 그 속도도 빠릅니다. 인권이란 가치, 인권의 원칙을 이해하지 못하고 주변 사람들 사이에서만 맴돈다면, 당장이야 불편이 없을지도 모르지만, 더 큰 세상으로 나오는 순간, 낭패를 볼 수도 있습니다.

실제로 성평등에 대한 기본적인 인식을 갖추지 못한 남성들 중에는 사회에 제대로 적응하지 못하거나, 심하면 도태되는 경우도 있습니다. 괜히 겁을 주려는 게 아니라, 걱정이 되어 드리는 말씀입니다. 남성이라면 적어도 여성들의 목소리에 한 번쯤은 귀기울여야 합니다. '페미니즘'이란 단어만 듣고 경기를 일으키는 바보 같은 짓은 하지 않아야 합니다.

이를 위해 김형수, 김홍미리, 박홍식, 이문영, 서민 선생님께서 기꺼이 필자로 참여해 주셨습니다. 김형수 선생님과 김홍미리 선생님은 당사자의 목소리를 담담하게 들려주고, 저는 한국 사회의 여러 현상들과 함께 헌법과 인권의 가치를 살펴보고 있습니다. 박홍식 감독님은 영화와 고전이라는 프리즘을 통해, 이문영 선생님은 평화 운동가 톨스토이라는 인물을 프리즘으로 우리들의 삶과 생활을 살펴 주십니다. 서민 선생님은 전문 연구자답게 기생충을 통해 성차별 문제를 살펴 주십니다.

여러 선생님들의 글은 한 편씩 따로 떼어놓고 봐도 각각 독립적이며 완결적입니다만, 붙여서 함께 읽어도 결국 인권이라는 하나의 주제에 맞닿아 있습니다. 사람들이 무의미하고도 불필요한 고통을 받지 않았으면 좋겠다, 조금이라도 더 행복해졌으면 좋겠다는 지향으로 모아지는 것입니다.

인권연대는 그동안 '철수와영희'와 함께 『10대와 통하는 청소년 인권 학교』, 『인문학이 인권에 답하다』, 『다수를 위한 소수의 희생은 정당한가?』, 『인간은 왜 폭력을 행사하는가?』 등 네 권의 책을 펴냈습니다. 이 목록에 한 권의 책을 더 보태게 되었습니다. 이 책부터 만나신 분들은 다른 책도 함께 보시길 권합니다. 다양한 관점으로 인권을 살펴보는 좋은 기회가 될 것입니다.

함께 저자로 참여해 주신 김형수, 김홍미리, 박홍식, 이문영, 서민 선생님께 감사드립니다. 선생님들의 노고 덕에 아주 좋은 책이 만들어졌습니다. 한결같은 마음으로 좋은 책을 만들어 주시는 '철수와영희'에도 감사드립니다.

이 책을 손에 들고 계실 독자들께도 감사드립니다. 꼭 끝까지 읽어 보시고 또 주변에도 권해 주시기 바랍니다. 늘 감사합니다.

2018년 11월. 멋진 가을에

인권연대 오창익 드림

차례

왜 장애인 인권을 말해야 할까?

김형수(장애인 학생지원 네트워크 사무국장)

김형수

연세대 국어국문학과를 졸업했다. 장애인 학생지원 네트워크의 사무국장이며, 군 인권센터 정책위원, 국가인권위원회 인권교육 전문 위원이다. 현재 장애인 활동보조 전문 강사, 인권교육 강사로 활동 중이다. 쓴 책으로 『한국의 소수자, 실태와 전망』(공저), 『나는 '나쁜' 장애인이고 싶다』(공저) 등이 있다.

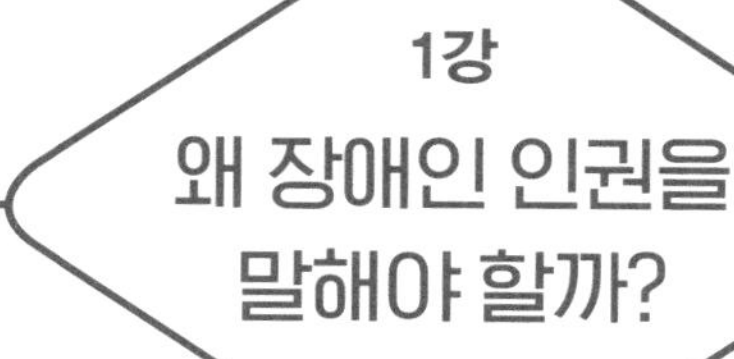

1강
왜 장애인 인권을 말해야 할까?

안녕하세요. 저는 김형수라고 합니다. 사람들은 저를 이따금씩 장애인이라고 부릅니다. 그러나 사람들은 일반적으로 만나는 사람들에게 평소에는 그러지 않아요. 이름을 부릅니다. 원래 국가적, 사회적 도움이 필요할 때만 장애인이라는 이름을 저에게 붙여야 합니다. 그것도 제 동의를 먼저 받은 다음에야 제가 장애가 있는지 아닌지를 타인이 밝힐 수 있습니다. 장애와 관련한 정보는 굉장히 민감한 개인정보예요. 여러분들도 몸무게, 키, 나이 같은 신체 정보 등을 함부로 남에게 알리지 않잖아요. 그런데 우리는 타인의 장애에 대해 '배려'

라는 이름으로 너무 쉽게 '아우팅'합니다. 장애를 공부하고 장애인에 대해 이야기하는 것과 어떤 누군가의 개인적인 '장애'를 공개하고 밝히라고 요구하는 것은 다른 문제입니다.

장애인 인권은 곧 나의 문제

세상에는 공부해야 할 인권이 많습니다. 장애인 인권도 마찬가지예요. 오늘날 우리는 왜 장애인 인권을 말해야 할까요? 바로 내 문제, 우리 사회의 문제이기 때문입니다. 옛날에는 장애아가 태어나면 어떻게 했을까요? 첫째 아이가 장애가 있으면 다음 아이를 다시 임신할 수 있었고 첫째 아이는 시설로 보내 감춰 버릴 수도 있었습니다. 그러나 이제는 장애가 있든 없든 그것은 2차적인 문제가 되었습니다. 이제 아이를 낳느냐 안 낳느냐가 더 중요한 문제가 되었습니다. 둘째 아이가 없는 시대가 되었습니다. 그리고 장애인 시설들이 사라져 가고 있으니 더 이상 장애를 숨길 수도 없는 시대가 되었습니다. 이제 우리 가족 중에 장애를 가진 이가 등장했을 때 어떻게 이것을 받아들이고 함께할 것인가를 고민하고 훈련받아야 하는 시대입니다. 이제는 장애는 누구의 탓도 아니다, 내가 인권 수업 들어 봤는데 장애인도 행복하게 잘 살 수 있다, 우리 힘을 모아서 잘 키워 보자, 라고 말씀해 주세요.

오늘날 장애인 인권은 보통 사람의 생활과 더욱 밀접해졌습니다. 예전에 '장애'는 예외적인 상황이었습니다. 우리는 100세 시대에 살고 있습니다. 이것이 무엇을 의미하냐면 비장애 상태였던 사람들이 죽기 전에 누구든지 장애를 경험하거나 장애인이 될 가능성이 무척 높아졌다는 것을 의미합니다. 내가 비장애인으로 살다가 장애인이 되었을 때 이것을 어떻게 받아들이고 행복한 삶을 살 것인지를 고민해야 한다는 것이지요.

만약 어떤 학교에서 장애인을 안 받겠다고 해요. 이 일이 어떻게 내 문제가 되냐면, 만약 학교를 다니다가 내가 사고로 장애를 입으면 학교를 그만두어야 한다는 뜻이에요. 이해가 되시죠?

실제로 모 대학교에서는 장애인 편의 시설이 없다는 이유로 입학을 거부했습니다. 아마도 이 학교에 다니는 학생들은 장애를 입는 순간 학교 밖으로 밀려나게 될 겁니다. 그래서 장애인 문제는 비장애인과 상관없는 일이 아닙니다.

장애인 인권을 배워야 하는 이유가 바로 나의 문제이기 때문입니다. 이와 관련해서 또 하나 말씀드릴 것은 장애인 인권은 실천의 문제라는 겁니다. 배우기만 해서는 소용없어요. 인권은 지식이 아니에요.

여러분, 장애인 주차 구역에 비장애인이 차를 대면 안 된다는 거 잘 알고 계시죠? 상식입니다. 그럼에도 버젓이 차를 대는 경우가 많아

요. 그리되면 장애인이 그곳에 차를 대러 왔다가 주차를 못 하고 돌아갑니다. 아마 그곳에 차를 댄 분도 장애인 구역에는 차를 대면 안 된다는 사실쯤은 알고 있었을 거예요. 아는 것은 결국 중요하지 않습니다. 실천이 중요해요. 1분이든 10초든 절대로 비장애인은 장애인 주차 구역에 주차를 하면 안 되는 것입니다.

우리는 장애인을 차별해서는 안 된다는 것도 잘 알고 있습니다. 장애인 친구를 좋아할 수도 있고 싫어할 수도 있어요. 하지만 차별은 안 돼요. 도와주지 않아도 되고 배려하지 않아도 됩니다. 그냥 차별만 하지 않으면 돼요. 그런데 우리 사회에서 차별이 끊이지 않는 이유가 뭘까요? 일부러 그럴 수도 있지만 몰라서 그러는 경우가 많습니다. 나도 모르게 차별해요. 해놓고 그게 차별인지 모릅니다. 그래서 장애인 차별을 없애려면 실천이 중요해요. 자꾸자꾸 실천해서 몸에 익어야 해요. 그런데 이때 조심해야 할 게 하나 있습니다. 일방적인 실천은 안 돼요.

우리가 장애인 친구를 만나면 어떻게 도와주면 좋죠? 보통 사람들의 첫 반응은 장애인 친구의 의사를 묻지 않고 도움을 주려 합니다. 그러나 이건 너무 앞서가는 반응입니다. 장애인 친구의 의사를 먼저 알아야죠. 그 친구가 도움받기 싫을 수도 있잖아요. 그래서 먼저 의사를 물어야 합니다. "내가 너를 어떻게 대해 주면 되겠니?" 이렇게요. 그런데 우리는 그렇게 교육받지 않았어요. 상대가 원하든 그러지 않든 상관없이 다짜고짜 가서 도와줍니다.

제 경험을 하나 말씀드리지요. 한번은 KTX를 타는데 누가 뒤에서 밀어요. 제가 목발을 쓰기 때문에 조금 힘이 들었던 건 사실입니다. 그런데 누가 뒤에서 제 엉덩이를 잡고 밀어 올리는 거예요. 깜짝 놀랐습니다. 이게 도와주는 건가요? 뜻은 좋을지 모르지만 상대를 불쾌하게 하는 일입니다. 상대를 존중하고 의사를 묻는 일이 선행되어야 합니다. 이걸 사람들은 자주 까먹습니다. 우리가 장애인의 삶을 좀 더 잘 이해해야 한다는 취지에서 제 개인적인 이야기를 조금 하도록 할게요.

배려와 차별

저는 보통 사람과 다르게 태어났습니다. 태어나는 과정에서 문제가 생겨 뇌병변 장애를 갖게 되었어요. 이 장애를 처음 듣는 분도 계실지 모르니 설명을 잠깐 할게요. 뇌병변 증상은 사람마다 다릅니다. 걷지 못하는 분도 계시고 또 말을 못 하거나 누워서 지내야 하는 분들도 있어요. 제 경우는 신체 기능에 일부 어려움이 있습니다. 쉽게 이야기하면, 나는 다리를 오므리고 싶은데, 뇌가 자꾸 다른 명령을 내려요. 제 생각대로 움직이지 않습니다.

장애인은 우리가 흔히 말하는 환자와 다릅니다. 치료가 가능한 사람, 치료 대상을 환자라고 해요. 치매나 암처럼 위중한 경우도 일단은 치료 대상입니다. 잘하면 완치가 되어 일상생활을 할 수 있으니까요. 그래서 이분들은 장애인 등록을 하지 않습니다. 제 경우는 의학적으로 '개선'시킬 수 있지만, 현재까지는 의학적으로 '완치'되는 것이 불가능합니다. 그래서 '장애'를 가지고 있는 것이지요. 그래서 저와 사회가 장애를 극복하는 것이 아니라 서로 익숙해져야 하는 겁니다. 그래서 저는 장애인입니다. 물론 누구의 잘못도 아니에요. 부모님 잘못도 아니에요. 그래서 사회가 저를 돕는 겁니다.

제가 가진 장애가 유전이냐는 질문을 많이 받습니다. 그러나 태어나는 과정에서 생긴 장애이지 유전과는 상관이 없습니다. 제가 결혼해서 아이를 낳으면 저와 같지 않을 겁니다. 유전되는 장애를 가진 사람은 전체 장애인 중 극소수에 불과합니다. 유전자 검사를 통해 미리 알 수 있는 몇 가지 '증후군'들이 있습니다. 그래서 요즘은 그런 유전인자를 제거한 후에 수정시키는, 그런 게 가능한 정도까지 과학 기술이 발전했어요. 미래에는 이런 유전적 장애를 좀 더 잘 통제하고 발생률을 낮출 수 있을 겁니다.

장애는 고칠 수 없다는 점을 말씀드렸습니다. 물론 비장애에 가깝게 개선시킬 수 있고 그럴 가능성도 충분히 있습니다. 그렇기 때문에 장애인을 '아픈 사람'이라고 해서는 안 돼요. 치료의 대상이 아니

장애인은 우리가 흔히 말하는 환자와 다릅니다. 치료가 가능한 사람, 치료 대상을 환자라고 해요. 치매나 암처럼 위중한 경우도 일단은 치료 대상입니다. 잘하면 완치가 되어 일상생활을 할 수 있으니까요. 그래서 이분들은 장애인 등록을 하지 않습니다. 제 경우는 의학적으로 '개선'시킬 수 있지만, 현재까지는 의학적으로 '완치'되는 것이 불가능합니다. 그래서 '장애'를 가지고 있는 것이지요.

기 때문입니다. 그냥 그런 특징을 갖고 있는 사람인 거예요. 그리고 장애를 '극복'한다는 말도 오류가 있습니다. 극복이 안 되기 때문이에요. 어떻게 해도 지금과 같은 증상이 사라지지 않습니다. 그냥 익숙해질 뿐이에요. 하지만 저는 비관하지 않습니다. 비장애인이 될 수도 없지만 그러고 싶지도 않아요. 장애인으로서 행복하게 살아왔고 지금도 그렇습니다. 누구의 삶도 비교할 수 없듯이, 저는 비장애인의 삶과 저의 삶을 비교하지 않아요.

저에게 열한 살 된 조카가 있는데, 자꾸 저랑 놀이동산에 함께 가자고 졸라요. 이유를 물어보면 "삼촌이랑 가면 줄 안 서도 되잖아." 이렇게 대답합니다. 그리고 퍼레이드 할 때 맨 앞에서 보게 해 줍니다. 휠체어 타면 서서 못 보잖아요. 제 조카가 그 사실을 잘 알고 있는 겁니다. 물론 저는 그게 싫지 않습니다. 조카에게 도움이 되는 삼촌이니까요. (웃음)

저는 뇌병변 장애로 태어났지만 중간에 사고를 당한 분들도 저처럼 뇌병변 장애를 가지는 경우도 있습니다. 뇌혈관에 이상이 생기거나 머리를 심하게 다치면 치료를 받지만, 더 이상 치료를 해도 나을 수 없을 때에도 뇌병변 장애 판정을 받습니다. 후천적으로 그렇게 되신 분들은 적응하는 데 오랜 시간이 걸려요.

앞서 말씀드렸듯이 저는 신체 운동을 조절하는 데 어려움이 있기 때문에 목발을 짚고 다닙니다. 불편하기는 하지만 혼자 움직일 수 있어서 좋아요. 다만 체력 소모가 많은 편입니다. 그래서 살이 안 쪄요. 어쨌든 그래서 건강도 좋은 편입니다. 남들처럼 학교도 다니고 열심히 공부했어요. 그러다 1995년도에 대학에 갔습니다. 전공은 국어 국문학이었는데, 학교를 졸업하고는 가족 상담 같은 걸 했어요. 이혼하려는 부부를 화해시키는 게 제 주된 일이었지요. 그러다가 지금은 시설에 있는 중증 장애인들이 잘 지내는지 어떤지 조사하는 일을 하고 있습니다. 지금 일이 예전에 했던 상담 일보다 훨씬 쉬워요. 이혼할까 말까로 다투는 부부들은 정말 어렵습니다. (웃음)

장애인들은 갈 만한 학교가 많지 않습니다. 일반 학교에 가서 함께 배우는 통합 교육이 좋으냐, 특수 학교에 가서 공부하는 분리 교육이 좋으냐고 많이들 물어보는데, 저는 그 사람이 가고 싶은 학교가 제일 좋은 학교라고 생각해요.

각자 장단점이 있습니다. 학교가 가깝고, 좋은 선생님, 좋은 친구들이 있으면 통합 교육이든 분리 교육이든 나쁠 게 없다고 생각합니다. 문제는 선택의 여지가 많지 않다는 거예요. 특수 학교를 선택하고 싶어도 별로 없어요. 최근에도 서울의 한 지역에서 특수 학교를 둘러싸고 말들이 많았지요? 지역 주민들이 땅값이 떨어진다고 특수 학교 설립을 반대했습니다. 그런데 정말 땅값이 떨어지나요? 절대 안 떨어집니다. 특수 학교가 있는 다른 지역 땅값을 조사해 봤더니 전혀 근거가 없었어요. 장애인은 통제가 안 되기 때문에 동네 어린아이들에

게 위험하다고 하지만, 그것 역시 근거가 없습니다. 지적 장애인이나 발달 장애인은 범죄자가 아니에요. 일반인들보다 범죄율이 훨씬 낮습니다. 오히려 특수 학교가 들어서면 동네 치안 수준이 높아집니다. 순찰차 한 번 돌 거 두 번 돌아요. 그리고 상권이 살아납니다. 왜? 보호자가 옆에서 계속 돌봐야 하거든요. 보호자들은 특수 학교가 있는 동네에서 밥을 먹고 쇼핑을 합니다. 이쯤 되면 반대로, 서로 자기 동네에 특수 학교를 유치하려고 경쟁해야 하는 거 아닌가요?

저는 부산에서 학교를 다녔는데, 당시 고등학교는 특수 학교가 두 군데밖에 없었어요. 그래서 일반 고등학교에 진학했습니다. 그런데 열 군데에서 모두 거부당했어요. 늘 받는 차별이었기 때문에 나중에는 그러려니 싶었습니다. 이런 제도적인 차별에는 이제 화가 덜 납니다. 어쨌든 방법이 있잖아요. 바꾸자고 싸우면 되니까요. 그런데 참 견디기 힘든 게 일상적인 차별입니다.

아까도 말씀드렸듯이, 제 의사를 묻지 않고 제 몸에 함부로 손을 대는 것은 정말 힘들어요. 저는 소원이 하나 있어요. 비 한번 맞아 보는 겁니다. 무슨 소리냐고요? 제가 비를 맞고 있으면 어디선가 꼭 우산을 들고 뛰어오는 사람이 있어요. 목발 짚은 사람이 처량하게 비 맞고 있는 꼴을 못 보겠는 거예요. 저도 그 마음 이해합니다. 그런데 한 번쯤 물어봐 주세요. 혹시 지금 비를 즐기고 있는 거냐고. (웃음)

비 맞는다고 죽지 않거든요. 그래도 저는 예의 바른 장애인이기 때문에 동네 사람이 그런 식으로 도와주면 웬만하면 고맙다고 말을 합니다. 자꾸 거절하면 삐치더라고요. 한두 번 볼 사이도 아닌데 그래서는 안 되잖아요.

그리고 또 하나 말씀드릴게 있어요, 프라이버시 문제입니다. 이상하게 저한테는 궁금한 게 많아요. 너는 무슨 장애니? 왜 혼자 있니? 이런 질문을 꼭 합니다. 그리고 그냥 집에 가시면 되는데, 꼭 집까지 바래다줘요. 우리 집이 어딘지 알려 주고 싶지 않아도 할 수 없습니다. 거기서 끝나면 그나마 괜찮은데 현관문 비밀번호까지 물어봐요. 여러분, 누가 자기 집에 찾아와서 현관문 비밀번호를 물어보면 좋아요? 싫죠. 장애인도 마찬가지입니다. 제가 몸이 불편하다고 해서 사생활이 없는 게 아니잖아요.

비장애인들과 함께 생활하면서 이해 안 가는 부분이 참 많았어요. 예컨대 대학교 때 남자애들이 영장만 나오면 저를 찾아와요. "너는 좋겠다, 군대 안 가서." 이러면서 저를 붙잡고 웁니다. 이상해요. 처음에는 네가 장애인을 알아? 하고 싶었지만 그래도 위로를 해 주었죠. 평소에는 제가 약자지만 군대 문제만 나오면 강자가 됐습니다. 적어도 저는 군대에서 훈련받다가 죽거나 다칠 일은 없으니까요. 장애인도 비장애인에 대해 공부하고 이해하는 법을 배워야 해요. 제도로 바꾸어야 할 부분이 분명히 있지만, 일상에서 해결해야 할 문제가 많아요.

인권 감수성을 기르자

인권을 실천하려면 민감해져야 됩니다. 감수성을 길러야 해요. 타인이 불편할 수 있겠구나, 하는 점을 알아야 해요. 여기에 대해서는 저도 예외가 아닙니다. 예컨대 강남역 근처에서 한 여성이 살해당하는 사건이 있었잖아요. 강남역 10번 출구 부근에 있는 건물의 남녀 공용 화장실에서 한 남성이 휘두른 칼에 죽임을 당했습니다. 저는 그 전까지만 해도 여성분들이 왜 밤길을 두려워하는지, 공용 화장실을 꺼리는지 몰랐어요. 장애인이기 이전에 저도 한 남자로서 공감하지 못했던 거예요. 그 일이 있고 난 후 생각이 달라졌습니다.

저는 아파트에서 밤에 여성분과 단둘이 엘리베이터에 타면 "몇 층 가세요?" 이렇게 물었습니다. 저는 그게 예의인 줄 알았어요. 그런데 제 여자 친구가 앞으로는 절대 그러지 말라고 해요. 스토커 같대요. 아니 나는 장애인이지 않냐고 하면, 상관없대요. 다른 사람이 자기 집 위치를 아는 게 무섭다고 합니다. 여성분들에게는 그런 공포가 일상적으로 있는 거예요. 그러면서 여자 친구가 하는 말이 일단 밀폐된 공간에 둘이 있게 되면 거리를 두고 서 있으래요. 그것도 뒤에 서지 말고 옆이나 앞에. 손을 주머니에 넣고 있으면 혹시라도 그 안에 흉기가 들어 있지 않을까 의심할 수도 있으니 손은 바깥에 두랍니다. 내릴 때까지 그러고 있으래요. 그럼 친절을 베풀지 말라는 거냐고 했더니, 만약 여자가 부탁하면 그때 버튼을 눌러 주라고 합니다. 아마 여자 분들은 공감하실 텐데요, 저는 이걸 나중에서야 깨달았어요.

그럼 이 시점에서 우리 한번 간단하게 인권 감수성 테스트를 해 볼까요? 첫 번째. 일요일은 노는 날일까요, 쉬는 날일까요?

'노는 날'은 고용주 입장입니다. 그가 보기에 '일하는 날' 빼고는 다 '노는 날'이에요. 노동자들은 '노는 날'에 놀지 않습니다. 쉬지요. 그래서 노동자들에게는 '쉬는 날'입니다. 별거 아닌 듯하지만 이런 작은 호칭 사이에도 서로 다른 입장이라는 게 있어요.

두 번째. 녹색어머니회라고 들어 보셨나요? 학교에서 어머니들이 나와서 아이들 횡단보도 앞에서 깃발 들어 주고 하잖아요. 이 광경을 보고 어떤 생각이 드십니까? 아름답습니까, 부당합니까?

아마도 학교장이나 경찰서장이 보면 아름다울 겁니다. 자신들이 해야 할 일을 누군가 대신하고 있으니까요. 원래 등교할 때 안내 지도, 교통 지도는 누가 해야 하나요? 딱히 정해진 사람이 없다고 할지 모르지만 우리나라 법상, 교통 지도는 경찰관의 고유 업무로 되어 있습니다. 이걸 학부모에게 떠넘긴 거예요. 집에서 쉬거나 일터에서 일을 할 시간에, 휴가를 내고 거기 나와 있는 부모님들 입장에서는 인권을 침해당한 거고요.

이런 걸 알아채는 게 쉬운 일이 아닙니다. 그래서 인권 감수성을 기르려면 끊임없이 고민하고 성찰해야 해요. 장애인 인권도 마찬가지

입니다. 장애인과 함께 살아간다는 것은 그들 입장에서 생각하고 존중하고 더불어 살아가는 일을 고민하는 것입니다. 장애인 본인도 마찬가지입니다.

장애인을 지원하는 일은 우리 사회의 수준을, 보통 사람의 삶의 질을 높이는 일입니다. 장애인들을 배려하는 데 사용하는 기술들, 예컨대 엘리베이터나 자동차 자동 변속기(오토) 같은 것은 일반인도 편하게 사용할 수 있지요. 컴퓨터의 마우스 같은 입력 장치나 윈도 같은 시각적 운영체제 역시 장애인에게도 좋지만, 일반인에게도 편리합니다.

즉, 장애인을 위한 기술들이 전체적인 삶의 편리성을 증진시키는 데 기여합니다. 장애인 때문에 양보해야 하고 시설 짓느라고 세금 들어가고, 이런 생각들만 하는데 그렇지 않습니다. 장애인을 위한 일이 우리 모두를 위한 일이에요. 다시 한 번 말씀드리지만 장애는 우리 삶 가까이에 있습니다.

여러분, 〈어벤저스〉 아시지요? 거기에는 다양한 캐릭터가 나옵니다. 그런데 그중 장애인이 꽤 있어요. 아이언맨이 그렇습니다. 이 캐릭터는 저보다 더 중증이에요. 저는 장애 때문에 죽지는 않아요. 하지만 아이언맨은 사고로 온몸에 금속이 박혀 있습니다. 이게 심장으로 가면 죽어요. 그래서 이를 막는 장치를 몸에 달고 다녀요. 헐크는 또 어떻습니까? 화가 나면 몸이 변하죠? 폭력적으로 돌변합니다. 〈스타워즈〉에 등장하는 다스베이더는 또 어떻습니까? 이 사람은 기계 장치의 도움이 없으면 말을 잘 못 해요. 그런데 우리는 이들을 장애인이라고 생각하지 않습니다. 불쌍히 여기지도 않고요. 왜 그럴까요? 이들이 가진 뛰어난 능력도 있지만, 무엇보다도 영화 속에서 아무도 이들을 장애인으로 대하지 않기 때문입니다. 그러니 보는 우리도 그들이 가진 장애를 인식하지 못해요.

배려에도 연습이 필요하다

장애인과 함께하는 방법은 바로 인식을 전환하는 겁니다. 장애로 보지 않으면 돼요.

사람들이 저에게 묻습니다. 언제부터 목발을 짚고 다녔느냐고. 다섯 살 때부터 목발을 사용했어요. 그렇게 학교에 다니고 지금껏 사회생활을 하고 있습니다. 불편한 점이 많지요. 하지만 저는 일반인들이 하는 활동 대부분에 참여했습니다. 못 하는 것도 있었죠. 예컨대 체육 시간에는 주로 심판을 봤습니다. 선생님이 그 외에는 안 시켜 줘요. 그런데 여러분, 정말 장애인은 체육이 어려울까요? 충분히 가능합니다. 올림픽 대회도 참여 하잖아요. 장애인들도 농구하고 수영하고 탁구를 칩니다. 올림픽과 함께 장애인 올림픽 즉, 패럴림픽도 같이 열려요. 공식 명칭이 '올림픽 대회 및 패럴림픽 대회'에요.

▲ 2016년 브라질 리우에서 열린 패럴림픽 대회에서 달리기를 하는 선수.

장애인도 보조 장치를 사용하면 웬만한 운동 경기를 다 소화할 수 있습니다.

장애는 상대적입니다. 여러분도 잘 아는 '토끼와 거북이' 이야기를 볼까요? 달리기는 육상 동물인 토끼가 유리합니다. 그런데 거북이는 바다 생물이에요. 육지에서 거북이는 '장애인'이에요. 마찬가지로 바다에서는 토끼가 '장애인'입니다. 이들이 동등하게 경쟁하려면 환경을 바꿔 줘야 해요. 육지도 아니고 바다도 아닌 곳에서 시합해야 합니다.

어린아이들이 좋아하는 〈뽀로로〉의 주인공은 펭귄입니다. 아시다시피 펭귄은 날개는 있어도 날지 못해요. 그런데 어떻게 하늘을 날아다닙니까? 네, 비행기를 탑니다. 고글을 쓰고 멋지게 하늘을 날지요. 여기 등장하는 또 다른 캐릭터 크롱은 어떻습니까? 말을 잘 못하죠? 언어 장애가 있습니다. 그런데 장애가 아닌 거 같아요. 왜냐하면 크롱이 한마디 할 때마다 주변에서 호응을 해 주거든요.

제가 목발을 짚고 다니잖아요. 그래서 사람들은 저에게 장애가 있다는 사실을 직관적으로 알게 됩니다. 하지만 목발을 하이힐쯤으로 생각할 수는 없을까요? "목발 짚고 다니니까 힘들지?" 하지 마시고 '아, 저 사람은 목발의 달인이구나. 목발을 짚고 웬만한 일을 다 처리하네'라고 생각해 줄 수는 없을까요?

목발을 짚고 다니면서 제일 불편한 게 물건을 들 때입니다. 손이 자

유롭지가 않으니까요. 그래서 학교에 다닐 때는 식판을 들기가 곤란했는데 이걸 누가 들어 줬느냐, 교장 선생님이에요. 참 훌륭하신 분이시지요. 귀찮을 텐데도 나름대로 배려를 해 주신 거예요. 저도 그 마음을 압니다. 그런데 저는 불편했어요. 그냥 선생님도 아니고 교장 선생님이잖아요. 만약 그때 교장 선생님이 제 생각을 조금이라도 물어봐 주셨다면 어땠을까 싶었어요. 사실 저는 친구들과 함께 밥을 먹고 싶었거든요.

그래서 여러분이 혹시라도 식당에서 목발을 짚은 사람을 보시면 꼭 물어봐 주세요. "선생님 제가 식판 들어 드릴까요?" 그다음에, "얼마나 떠 드릴까요?" 이런 센스가 필요해요. 여기에 "어디에 놓아 드릴까요?"까지 해 주시면 정말 훌륭한 분입니다. 장애인이라고 항상 드나들기 편하다는 이유로 찬바람 부는 문가에서만 먹을 수는 없잖아요.

장애에는 불편함 그 자체에서 오는 장애가 있고 여기서 생기는 2차적인 사회적 장애가 있습니다. 그걸 봐야 해요. 제 경우에 다리가 아프거나 겨드랑이가 아픈 건 1차적 장애입니다. 2차적 장애는 그래서 제가 원하는 반찬 못 먹고 원하는 사람과 함께 밥을 못 먹는 거고요. 보통 사람들은 1차적 장애까지 이해합니다. 그러나 감수성을 기르려면 2차적 장애까지 생각해야 해요.

어렵지 않습니다. 상대의 의사를 물어보시면 돼요. 행여 거절할 수도 있습니다. 어떤 친구가 "저는 도움이 필요 없는데요." 할 수 있어요. 이때 상처받지 말라는 겁니다. '나는 좋은 마음으로 그런 건데 왜 거절할까?' 하지 말고 '아, 저 사람도 우리처럼 혼자 하고 싶어 하는구나.' 생각하면 돼요. 여러분이 장애인들을 모르듯이 장애인도 비장애인들을 몰라요. 여러분의 마음을 잘 전달하려면 상대의 입장에서도 한번 생각해 봐야 합니다.

제 차에는 장애인 보조 장치가 달려 있지 않습니다. 게다가 오래되고 낡았지요. 제게는 로망이 하나 있었어요. 제주도에 가서 렌터카를 타고 일주하는 거였습니다. 그런데 제주도에는 장애인용 렌터카가 두 대밖에 없었어요. 그래서 열심히 연습했죠. 남들 연수 열 번 할 때 스무 번 서른 번 해서 운전 기술을 배웠습니다. 그래서 장애인 보조 장치 없이도 이제 운전을 능숙하게 할 수 있어요. 심지어 카레이서 자격증도 땄습니다. 그리 어렵지 않습니다.

비장애인이 할 수 있다면 장애인도 할 수 있습니다. 장애인의 현실적 제약을 이해하고 지원하는 것도 중요하지만 그들이 가진 가능성을 무시해서도 안 돼요. 장애 인권에 대한 감수성을 키우려면 이 두 가지 측면을 모두 인식할 수 있어야 해요.

함께, 당당하게 살아가기

제가 학교에 강연을 나가면 거의 연예인급입니다. “와, 장애인이다.” 하면서 아이들이 몰려들어요. 왜 그러는지 모르겠는데, 어떤 애들은 냄새도 맡아요. 그러면서 옆에 있는 선생님한테 물어봅니다. “선생님, 이 아저씨는 다리가 왜 이래요?” 그러면 선생님이 잠깐 생각해요. 그러고 나서 “그런 거 물어보는 거 아냐.” 하고 타일러요. 선생님께서는 제가 상처받을까 봐 그런 거겠죠. 저도 그 마음을 잘 압니다. 그런데 생각해 보세요. 그 순간 장애는 부끄러운 것이 됩니다. 아이에게 말할 수 없는, 감춰야 하는 일이 되어 버려요. 낙인이 됩니다. 저는 그때 그냥 사실대로 자연스럽고 편하게 이야기해 줬으면 좋겠어요. 그래야 장애가 편하고 자연스러운 것으로 재해석되지 않을까요?

예컨대 여러분 이성 친구가 이렇게 물어요. “자기야, 나 살쪘지.” 그랬을 때 5초 정도 침묵해요. 얼굴도 안 마주칩니다. 그리고는 “그런 거 물어보는 거 아니야.” 이거 상처 되겠지요? 그때의 그 눈빛, 표정과 태도에서 수치심과 열등감을 느낍니다. 말하지 않아도 알 수 있어요.

여러분도 장애인들에게 익숙해지세요. 자주 만나야 해요. 장애는 나을 수 없어요. 그러나 주변의 노력에 따라 2차 장애를 줄일 수 있습니다. 이와 관련해서 동영상을 하나 보겠습니다.

여기 계단이 있습니다. 휠체어를 탄 여성 장애인이 앞에 있군요. 비가 내리고 있습니다. 지나가던 한 남성의 도움으로 계단을 내려갑니다. 그러고 나서 이 남성분이 비에 젖은 휠체어를 닦아 주는군요.

자, 이 장면에서 어떤 걸 봐야 할까요? 여러분 휠체어는 장애인에게 신체의 일부와 같습니다. 예컨대 어떤 여성의 신발이 물에 젖었다고 해서 남자가 닦아 주면 기분이 어떨까요? 가족이나 연인이라면 모를까 처음 보는 남자가 그러면 불쾌할 수 있습니다. 이런 부분을 간과했다는 말씀을 드리고 싶어요.

마지막으로 말씀드릴 것은 장애인에 대한 혐오입니다. 어떤 사람들은 장애인에 대한 사회적 배려를 특혜라고 생각해요. 그것 때문에 자기들이 손해를 본다고 생각합니다.

중한 장애인의 경우 대학 입학은 별도의 다른 전형으로 들어갈 수 있습니다. 왜 그럴까요? 환경이 동등하지 않기 때문입니다. 책장 하나 넘기는 데도 시간이 걸려요. 이런 상황에서 일반인과 똑같이 경쟁할 수 있을까요? 이런 점을 고려해서 장애인 특별 전형 등의 제도를 두는 거예요. 그러나 어떤 사람들은 이런 이유를 이해하지 못해요. 주차장에도 지하철이나 버스 좌석에도 장애인석이 따로 있습니다. 이런 사회적 배려를 못마땅해합니다. 왠지 억울하고 장애인이 미운 거예요. 이런 마음이 극단으로 가면 혐오가 됩니다. 그래서 우리

▲ 세계 장애인의 해를 기념하기 위해 1981년 4월 20일 발행된 우표. 유엔은 1975년 제30차 총회에서 "장애인의 권리에 관한 선언"을 채택하고, 제31차 총회에서 1981년을 "세계 장애자의 해"로 정했다. 1980년대까지 '장애인'이란 표현보다는 '장애자'란 표현을 많이 썼다 그러나 지금은 '장애인'으로 표기한다. © 국립민속박물관

가 부단히 인권을 공부해야 해요.

장애를 가진 당사자들은 좀 더 당당해질 필요가 있어요. 저도 학교 가기 싫을 때가 있었어요. 자퇴를 심각하게 고민했습니다. 그러면서 가만히 생각을 해 봤어요. 반 친구 중 열댓 명은 저를 놀려요. 괴롭힙니다. 그런데 잘해 주는 친구가 한두 명은 있어요. 그 친구는 대체 뭘까, 왜 나를 놀리지 않지? 왜 나를 괴롭히거나 나를 이상하게 보지 않

을까? 그러다가 나를 좋아하고 나를 인정해 주는 친구가 있다는 사실을 알게 되었습니다. 나쁜 친구들만 기억하고 그런 친구들의 존재는 잊고 있었던 거예요.

여러분도 살면서 힘들 때가 있을 거예요. 그럴 때 우리는 꼭 누구만 기억할까요? 상처 주는 사람만 기억하는 경우가 많아요. 날 도와주고 이해해 주고 인정하는 친구는 잘 안 떠올라요. 여러분은 그러면 안 됩니다. 나쁜 기억일랑 싹 다 갖다 버리세요. 대신 소중한 사람에게 더 잘해 주세요. 그러면 훨씬 더 살아갈 용기가 생깁니다.

중학교 때 글쓰기를 했습니다. 그런데 짝꿍이 저더러 상당히 글을 잘 썼대요. 제가 문학에 소질이 있구나 하는 생각을 그때 했습니다. 국문학과에 가서 소설을 쓰고 싶었어요. 그런데 제가 손이 이러니까 글자를 잘 쓸 수가 없잖아요. 그때 선생님이 컴퓨터를 알려 줬습니다. 앞으로는 이걸 이용해서 사람들이 글을 쓰게 될 거라고 말씀하셨어요. 그때는 안 믿었습니다. 그런데 얼마 후 정말 다 워드프로세서로 글을 쓰더라고요. 덕분에 저도 키보드로 손쉽게 글을 쓸 수 있게 됐습니다. 여러분의 눈빛과 반응, 말과 태도가 다른 사람들을 구원하고 세상을 바꿀 수 있다는 것을 생각하세요. 생각보다 큰 힘이 있습니다.

여러분, 앞으로 세상이 어떻게 바뀔지 모릅니다. 포기하지 마세요. 제가 아는 어떤 장애인 학생은 군인이 되고 싶어 합니다. 그런데 군

대를 못 가잖아요. 어떡하냐고 묻기에 이렇게 대답해 줬어요. "미국과 일본에는 장애인 장교가 많아. 게다가 군인은 육체적인 부분 못지않게 전략이나 리더십이 더 중요해. 앞으로 10년, 20년 후에는 지금과 다를 수 있으니 포기하지 마."

여러분도 믿음을 가지기 바랍니다. 학교에서 선생님이 뭐라고 하든, 집에서 부모님이 뭐라고 하든, 세상이 뭐라고 하든 상관없이 여러분은 세상에서 제일 멋진 사람이 될 수 있습니다. 매일매일 그렇게 생각하세요. 누구의 평가에도 흔들리지 마세요. 여러분이 자부심과 에너지를 가지고 열심히 살았으면 좋겠다는 말씀을 드리면서 강의를 마치도록 하겠습니다. 고맙습니다.

인권특강 2강

아는 페미니즘? 하는 페미니즘!

김홍미리(여성주의 연구 활동가)

김홍미리

여성 운동을 더 잘하고 싶어서 여성학 공부를 시작했고, 공부한 걸 현장에서 더 잘 실천하고 싶어 '한국 여성의 전화' 활동가가 됐다. 더 공부하고 싶어서 다시 공부를 시작했고, 결국 연구와 실천은 한 묶음이라는 당연한 결론에 도달하면서 여성주의 연구 활동가로 살아가는 중이다. 쓴 책으로 『처음부터 그런 건 없습니다』(공저), 『그럼에도 페미니즘』(공저), 『페미니스트 모먼트』(공저) 등이 있다.

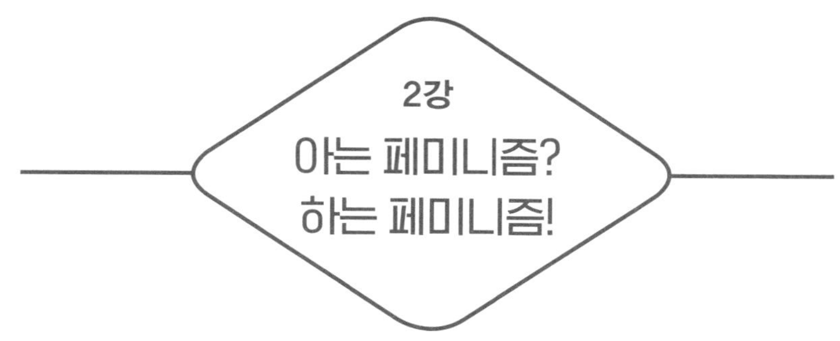

안녕하세요, 오늘 함께 나눌 주제는 페미니즘입니다. 페미니즘이 무엇인지 조금씩은 알고 계실 텐데요, 이야기에 앞서 우선 저는 페미니즘은 관찰하는 게 아니라 '행동하는 것'이라고 말씀드리고 싶습니다. 페미니즘은 '이런 거야, 저런 거야'라고 말하기보다 '질문하고 움직이는 것'이라는 거죠. 오늘 그런 이야기들을 해 보겠습니다.

요즘 성차별에 찬성하는 사람이 있을까요? 거의 만나기 힘들죠. 적어도 겉으로는 다들 성평등이 중요하다고 말합니다. 그리고 오늘날 여성에 대한 폭력에 찬성하는 사람도 없어요. 성폭력에 찬성한다고,

적어도 이렇게 말하는 사람은 없다는 거죠. 그런데 성폭력은 왜 계속 일어나고, 성에 기반한 차별은 계속되는 걸까요? 현실을 좀 더 구체적으로 들여다보겠습니다.

페미니즘이라는 상상력

"요즘 페미니즘 좀 이상해." 여러분, 이런 말 들어 봤을 거예요. 그런데 이 말은 '페미니즘'을 '관찰'할 때 나오는 말입니다. 이 질문은 다음과 같이 바뀌어야 해요. "나와 페미니즘이 무슨 관계가 있지?" 이렇게요. 두 질문의 차이는 페미니즘을 관찰(만) 하고 있나, 아니면 같이 움직이고 있나, 바로 이거예요.

다시 한 번 말씀드리지만, 페미니즘은 '아는' 것이 아니라 '하는' 거예요. 그러면 언제 하느냐? '바로 지금'입니다. 누가? 바로 여기 계신 여러분이 해요. 〈해리 포터〉에 출연한 영화배우 엠마 왓슨은 2014년 유엔 본부에서 열린 양성평등 캠페인 히포쉬(He For She) 연설에서 이렇게 말해요. "내가 아니면 누가? 지금 아니면 언제! if not me, who? if not now, when?"라고요.

그런데 페미니즘을 '하는' 데는 시간이 걸립니다. 페미니즘을 자기 삶에 초대하는 데에는 너무 많은 장벽이 있기 때문이에요. 대표적으로 페미니즘은 여자들, 특히 기 센 여자들이나 하는 걸로 생각합니다.

엠마 왓슨은 연설에서 '페미니즘은 여자만의 문제가 아니라 우리 모두의 문제다. 여성과 남성이 차별 없이 평등해지자는 말이다. 왜 남자들은 남자답다는 말에 갇혀 살아야 하는가. 그런 질문을 던지는 것이 바로 페미니즘인데 왜 남의 이야기하듯이 하는가'라고 묻습니다. 그는 페미니즘에 대해 말할수록 여성의 권리를 위한 싸움이 곧 진정한 남성성의 회복과 맞닿아 있다는 점을 깨달았다고 말합니다. 이 연설은 "요즘 페미니즘 이상해", "너무 과격해", "왜 남자들을 미워하지?"라는 질문에 대한 대답으로 여겨도 좋을 듯합니다. 페미니즘을 궁금해하고 다가가서 알려고 하기보다 지레짐작하고 잘 모른 채 평가하는 사람들이 그만큼 많다는 의미겠지요.

페미니즘은 정해진 색깔이 있지 않아요. 그리고 나를 빼고 세상이 움직이지 않는 것처럼 페미니즘도 나를 포함해서 움직이는 세계예요. 같이 움직이면 되거든요. 같이 움직여서 성에 따른 차별이 없는 사회를 만드는 데 동참하면 됩니다. 방법은 여러 가지가 있고 그걸 같이 찾아가면 되거든요. 그런데 너무 많은 사람들이 페미니즘을 규정해 버려요. '이건 하얀색이야, 그건 좀 이상하지 않아? 앞으로 노란색으로 바꿔야겠어!' 이런 방법으로 페미니즘의 위치를 미리 정하고 자기 자신과는 거리를 두려고 합니다. 가까이 다가가려고 하지 않아요. 그건 아마도 나와 무관한 것으로 만들어야 비난하기가 쉽기 때

문일 겁니다. 나와 상관없다고 생각하면 책임지지 않아도 되니까요. 페미니즘과 나를 분리하는 일은 쉬워요. 간편하게 이렇게 말할 수 있지요. "개인적으로 성평등에 반대하지 않아. 하지만 요즘 페미니즘은 이상해. 한국 페미니즘이 문제야. 메갈리아(여성주의 커뮤니티)가 페미니즘을 망치고 있어. 나 같은 평범한 사람이 페미니즘을 불편하게 느끼잖아…." 그 말은 나는 성평등에 찬성하는 정의로운 사람으로 포장해 주지만 평등한 세상을 만드는 데 영향을 미치지 못합니다.

자, 그래서 우리는 모두가 페미니즘에 대해서 안다고 생각하지만, 사실은 오해하고 있는 측면이 있어요. 그러면서 페미니즘을 자기 식대로 정리합니다. 2012년에 경제학자 크레이그는 보수주의자들과 평등이 무엇인지 논쟁할 때 사용하기 위해서 그래픽 이미지를 만들어 구글 플러스에 올렸어요. 담장 너머 야구 경기를 보고 싶은 세 사람에게 똑같이 상자를 하나씩 주는 것만으로는 평등에 도달할 수 없다는 이야기를 전하고 싶었던가 봐요. 다음 그림에서 볼 수 있듯이 키가 더 작은 사람은 똑같이 상자 한 개를 나누어 받는다고 해도 담장 너머 야구장을 볼 수가 없어요. 평등은 똑같이 상자를 주는 것이 아니라 서로 다른 조건에 있을 때에는 그 조건을 고려해 상자를 다르게 주어야 한다는 이야기예요.

재미있는 것은 평등에 대한 보수주의자들의 관점이었습니다. 그들이 보기에 평등은 똑같이 가지는 거예요. 두 개를 하나씩 나누면 곧

평등

보수주의자

해방론자

크레이그의 원본 그림. 똑같은 상자를 하나씩 주는 것만으로는 평등에 도달할 수 없다.

그것이 평등입니다. 그런데 해방론자들은 다르게 생각해요. 뭘 가지는 게 아니라 '함께 누리는 것'을 평등이라고 봅니다. 즉 모두가 야구 경기를 관람할 수 있어야 해요. 이들이 보기에 여성이라고 해서 장애인이라고 해서 그 경기를 볼 수 없다면 불평등한 겁니다. 보수주의자라면 입장권을 똑같이 나누어 주면 평등이라고 하겠지요.

놀랍게도 그의 이 그림은 이후 온라인을 돌아다니면서 다양한 사람들의 손에서 다양한 방법으로 변형되었어요. 바뀐 그림에는 차별을 바라보는 그 사람의 생각들이 담겨 있어요.

크레이그는 자신의 그림이 다양한 상상력으로 바뀌는 것을 보면서 그것들을 자신의 블로그에 모으기 시작했어요.* 그중 인상적이었던 것은 그림①이었어요. 세 사람이 장벽 앞에 서 있는데 한 사람의 장벽이 유독 높아요. 이 사람에게는 두 개의 계단이 있어야 야구 경기를 볼 수 있는 거예요. 장벽의 높이는 그동안 누적된 차별의 결과로 이해할 수 있겠지요. 그리고 장벽이 높다는 것은 누가 감지할 수 있는지를 생각해 볼 수 있어요. 나와 키가 비슷하니 야구 경기를 볼 수 있을 거라고 생각할 수도 있어요. 고개를 돌려 살펴보지 않는다면 옆 사람의 장벽이 가로막혀 있다는 것을 모를 수 있죠. 하지만 그림 속 맨 오른쪽 사람은 장벽에 가로막혀 야구 경기를 볼 수 없는 자신의 상황을 모르기 어려워요. 그 벽 너머에 야구 경기가 열리고 있다는 걸 모를 수는 있겠지요. 아무도 알려 주지 않는다면요.

그림②는 계단을 쌓아서 담장 너머 야구 경기를 보는 아이디어를 넘어 담장 자체가 없는 운동장을 상상합니다. 그것을 '해방(liberation)'이라고 적고 있네요 인종, 민족, 나이, 성별 정체성과 성적 지향 등에 따라 사람을 구별하지 않고 모두를 인간으로 상상하는 장면입니다.

마지막으로 소개드릴 그림③은 페미니즘을 묘사한 그림이에요.

---

* Craig Froehle의 블로그.
https //medium.com/@CRAIG/the - evolution - of - an - accidental - meme - ddc4e139e0e4

그림① 장벽의 높이가 다를 수 있다는 것을 보여 주는 그림. 장벽의 높이는 누적된 차별의 결과다.

그림② 담장 자체가 없는 운동장을 상상하는 그림.

그림③ 페미니즘을 여자들이 남자들의 것을 빼앗아 자원을 독점하는 것으로 오인한 그림.

정확히 말하면 페미니즘을 오해하는 그림이죠. 옆에 있는 사람들 것을 빼앗아 여성 혼자 우뚝 솟은 그림이에요. 이 그림을 그린 사람은 페미니즘이 남의 것을 빼앗아 자기 이익을 채우는 것으로 생각했나 봐요. 여러분 정말 페미니즘은 그런 걸까요?

어떤 사람은 '여성부'가 있는데 '남성부'도 있어야 하지 않느냐고 말해요. 그게 진짜 평등이라고 주장합니다. 똑같이 상자 하나씩을 가지는 걸 평등이라고 믿는 식이죠. 하지만 평등은 '너 하나? 나도 하나!'가 아니에요. 평등은 너와 내가 처한 다른 조건을 살피는 것에서 출발합니다. 그 사람에게 더 장벽이 높지는 않은지, 나보다는 더 낮은 곳에서 시작하는 것은 아닌지 살펴보는 거예요.

앞서도 말씀드렸지만 저는 페미니즘을 어떤 하나의 틀로 규정하는 것을 경계합니다. 그래서 학생들에게 여성학을 가르칠 때 "머리를 말랑말랑하게 하라"는 이야기를 자주 해요. 편견에 사로잡히는 대신 해방에 대한 상상력을 키우자는 거예요. 머리를 말랑말랑하게 해야 상상이 가능하거든요. 페미니즘은 평등한 사회에 대한 상상력이자 실천 운동인데 페미니즘부터 틀에 가두면 안 되겠지요?

당신은 어떤 성(性)입니까?

사진을 하나 보여 드리지요. 여기 보면 이분이 배가 나와 있어요. 학생들에게 이 사진을 보여 주면 낯설어해요. 위화감이 든다고 하죠. 왜 그럴까요? 남자가 마치 임신한 것처럼 보이는 거예요. '여자'였다면 자연스러웠겠죠. 임신한 여자를 보는 일은 흔하니까요. 우리는 임신은 '여자'가 한다고 생각합니다. 제가 이 사진을 보여 드리는 것은 우리가 누군가를 마주할 때 그 사람의 성별을 가늠하지 않고 만난 적이 있나, 그게 가능한가라는 질문을 하기 위해서예요.

사진에서 우리가 가장 먼저 인지한 것은 이들의 성(性)입니다. 남자인지 여자인지를 가장 먼저 확인해요. 우리는 순식간에 성을 구별합니다. 이걸 판단하는 데는 0.0001초도 안 걸려요. 그런데 그게 그렇게 중요한가요? 저 사람이 남자인지 여자인지가 이 순간 우리에게 중요할까요? 사실은 별 상관이 없습니다. 배가 나온 사람이 여자면 어떻고 남자면 어때요? 그 사실 자체가 지금 나에게 아무런 영향을 끼치지 않잖아요. 그럼에도 우리는 성별부터 파악합니다. 일상에서도 마찬가지예요. 성별을 파악하는 건 순식간에 일어납니다. 누군가를 만날 때 저 사람의 성별을 판단하지 않고 만나는 방법을 알지 못해요. 이런 식으로 성은 우리 정체성을 강력하게 규정합니다. '나'는 나이기 전에 '남성'이거나 '여성'으로 존재해요. 우리는 어느 한순간이

라도 자신의 성별을 의식하지 않고 살아갈 수 있을까요? 내가 여자 혹은 남자라는 사실을 잊고 세수하고 화장하고 옷 입고 안경 닦고 밥 먹고 화장실 가고 학교 가고 공부하는 게 가능할까요? 누군가를 만났을 때 그 사람의 성별과 상관없이 대화할 수 있을까요?

놀랍게도 사진 속 인물은 남성이고 임신한 게 맞습니다. 토마스 비티라는 사람으로 트랜스젠더예요. '여성'으로 태어나 남성이 되었어요. '세계 최초로 임신한 남자' 이런 기사 제목으로 해외 토픽에 많이 소개되었습니다. 사연은 이렇습니다. 이분이 스물네 살까지 여자였어요. 미인 대회 출전도 했다고 해요. 그러다가 남자로 성전환을 하고 사랑하는 아내도 만납니다. 이 커플은 아이를 갖고 싶었는데 아내가 임신을 할 수 없었어요. 둘은 방법을 고민한 끝에 특별한 선택을 합니다. 정자를 기증받고 인공 수정을 시도해서 결국 임신에 성공해요.

비티는 이로 인해 신문에도 나고 방송에도 나가게 돼요. 그런데 이분이 지금껏 가장 많이 들은 질문이 무엇이냐면 바로 "남자냐, 여자냐?"입니다. 중간에 성이 바뀌었으니 구구절절이 설명해야 했지요. "여자로 태어났으면 여자 아니냐?"라는 질문도 받고, "남자로 성전환했는데 임신이라니, 그러면 여자 아니냐?"라는 질문도 받았다고 해요. 그런데 비티 입장에서 보면 어때요? 그는 여성에서 남성이 되기로 했고, 임신 선택은 그의 정체성에 영향을 미치지 못합니다. 그보다는 지금 여기서 사랑하는 사람과 행복하게 사는 게 중요했지요.

사람들은 성(性)을 개인적인 것이라고 생각합니다. 하지만 만약 성이 개인의 문제라면 내가 누구를 사랑하든, 상대가 여성이든 남성이든 상관하지 말아야 하죠. 내가 어떤 옷을 입든 상관하지 말아야 합니다. 하지만 현실은 어떻습니까? 남자가 '여자처럼' 행동하면 계집애 같다고 놀립니다. 여성도 마찬가지죠. '남자처럼' 행동하면 여성스럽지 못하다고 비난받습니다. 이미 성은 사회적 개념인 거예요. 그리고 암묵적으로 성에 대한 사회적 권력이 작동합니다. 그 기준에 맞추어 각자 성 역할을 수행해요. 그렇지 않으면 사회에서 배제됩니다. 그런 의미로 페미니즘은 성을 '정치'라고 하는 겁니다.

'임신한 남자'인 비티가 받은 질문도 그런 맥락에서 이해할 수 있습니다. '여자는 여자로 여자답게, 남자는 남자로 남자답게'라는 질서를 바로 세우기 위해서 그 사람이 남자인지 여자인지 확인하는 일이 중요했던 거예요. 우리는 비티의 이 말을 기억할 필요가 있습니다. 비티는 '나는 그저 평범한 인간(ordinary human being)'이라고 말해요.

우리가 성을 이해하고 페미니즘을 공부하는 이유도 이와 같습니다. '평범한 인간'으로 사는 법을 배우는 거예요. 남자와 여자로 나누지 않고 한 인간으로 사는 길을 찾는 겁니다. 지구에는 임신하는 '여자'와 임신 못 하는 '남자'가 있는 게 아니라, 임신할 수 있는 '사람'과 그렇지 않은 '사람'이 있을 뿐이에요. 운동을 잘하는 남자나 여자가 아니라 운동을 잘하는 '사람'과 못하는 '사람'입니다. 이건 간단해

보이지만 매우 어려운 문제입니다. 여기에는 성을 남성과 여성으로 말끔하게 정돈하려는 권력이 작용하기 때문이에요.

페미니즘은 성에 따라 사람을 구별하고 그에 따라 삶의 방식을 정하는 시스템에 대한 질문입니다. 왜 계속 성을 나누느냐는 질문이자, 이러한 구분 짓기가 나에게 갖는 의미, 영향력에 대한 이야기예요. 더 이상 여자인지 남자인지 묻지 않는 세상을 만들어 가는 연습입니다. 오늘 딱 하루만 여자니 남자니 하는 단어를 쓰지 않고 살아 보세요. 할 수 있겠어요? 어렵지 않을 것 같지요? 과연 그럴까요?

여자는 달릴 수 없다고?

사회적 성, 즉 젠더와 관련해서 질문을 해 보겠습니다. 우리가 젠더를 빼고 한 사회를 설명할 수 있을까요? 젠더를 '생략'한다는 것은 사회적 성이 존재하지 않는 것처럼 생각한다는 뜻입니다. 즉, 남자나 여자의 입장이 아닌 보편적인 인간의 관점에서 우리 사회를 바라볼 수 있느냐는 거예요. 가능할까요? 제 답변은 이렇습니다. "가능하지 않을뿐더러 옳지도 않다."

우리는 보통 남성의 눈으로 세상을 봅니다. 그것이 지배적인 생각이기 때문이에요. 성은 곧 정치라고 했지요? 오늘날 한국 사회는 남성의 시각에서 해석되고 거기에 맞추어 구축된 질서 속에서 살아갑니다. 지금 우리가 당연하다고 생각하는 많은 것들이, 사실은 남성의 입장에서만 그렇습니다. 여성의 눈으로 세상을 보면 그동안 보이지 않는 것들을 볼 수 있어요. 그래서 젠더를 생략한다는 것은 한 사회에 존재하는 성차별, 성적 지배를 감춘다는 뜻이기도 합니다.

역사를 되돌아보면 금세 이해할 수 있어요. 프랑스에서 혁명을 통해 군주제를 무너뜨렸을 때에도 여성 참정권은 보장되지 않았습니다. 그리고 그건 당시의 상식에서는 당연한 거였어요. 보편적인 '인간'에 여성은 포함되지 않았기 때문입니다. 여기에 균열을 낸 것은 올랭프 드 구즈(Olympe de Gouges)와 같은 여성 인권을 주장하는 사람들이었어요. 식민지 노예나 어린이도 마찬가지였어요. 인간의 바깥 범주였고 인간이기보다 '노예', '여자', '아이'라고 불렸습니다.

지금도 투표권을 얻지 못하는 사람들이 있습니다. 바로 청소년이에요. 세계적으로 18세를 전후로 투표권이 부여됩니다. 그리고 이걸 당연하다고 생각해요. 하지만 과연 그럴까요? 미래의 어느 시점에서 이 역시 차별이라며 개선을 요구하는 목소리가 커질지 알 수 없는 일이에요. 세상에 당연한 일은 없습니다. 다른 누군가의 입장에서 보면 여전히 차별이 존재할 수 있어요.

강의 시작할 때 제가 인권은 관찰하는 게 아니라고 말씀드렸지요? 인권은 그냥 보고 읽는 게 아니라 나서서 '하는' 것입니다. 그러기

위해서 지금의 나를 비춰 보는 거예요. 나를 비추고 내가 사는 방식을 바꾸는 거라고요. 그렇기에 인권은 나에 대한 질문에서 시작합니다. "남자도 여자도 아닌 '중립적인' 눈으로 세상을 보는 일은 가능한가?" 하는 질문도 그런 의미에서 던진 것이고요.

1967년 미국 보스턴에서 마라톤 경기가 열렸습니다. 지금도 해마다 열려요. 역사와 전통을 자랑하는 마라톤 경기지요. 이 경기에 한 여성이 참여합니다. 중간에 대회 관계자들로부터 저지를 당했지만 완주를 하지요. 그러나 주최 측은 그의 기록을 인정할 수 없다고 발표합니다. 당시 마라톤은 여성이 뛸 수 없는 경기였거든요. 이 일이 알려지면서 미국 사회가 뜨거운 논란에 휩싸입니다. 이 여성은 캐서린 스위처라는 기자로, 미국 최초의 여성 마라토너로 기록되지요.

도대체 미국 사람들은 왜 여성이 마라톤을 못 하게 했을까요? 뭔가 이유가 있었을 거 아니에요. 예컨대 혁명의 나라 프랑스에서는 여성에게 투표권을 안 주면서 그 이유로 여자는 전쟁에 나가서 싸우지 않기 때문이라고 했습니다. 또한 여성이 남성보다 더 감정에 치우치기 쉽다고 했는데, 그 이유가 바로 여성들의 생리 때문이라고 했어요. 지금 생각해 보면 황당하지만 어쨌든 당시에는 설득력을 가졌던가 봅니다. 그렇다면 마라톤은 뭘까요? 여러분, 상상력을 한번 발휘해 보세요. 당시 남성들이 근거로 내세운 것은 다음 세 가지였습니다. 첫째, 여자가 마라톤을 하면 자궁이 떨어질 것이다. 둘째, 여자가 마라톤을 하면 다리가 굵어진다. 셋째, 여자가 마라톤을 하면 가슴에 털이 난다. 너무 충격적인가요? 최소한의 과학적 근거도 없는 이유로 막은 거예요. 더욱 놀라운 것은 당시 사람들이 정말 그 '소문'을 믿었다는 겁니다. 적어도 여자는 마라톤을 할 수 없다는 것에 공감하고 그걸 받아들였어요.

1967년 보스턴 마라톤 당시 캐서린 스위처는 자신이 여성이라는 것을 감추지 않습니다. 오히려 표시했죠. 귀걸이를 하고 빨간 립스틱을 바르지요. 당시에는 마라톤 대회 신청서에 성별 표시란이 없었대요. 어차피 참가자는 모두 남자였으니까요. 덕분에 스위처는 뛸 수 있게 되죠. 그러다 경기 중에 제지를 당합니다. 당시 장면이 사진에 찍혔는데요. 조직 위원장 조크 샘플이 경기를 지켜보다가 화들짝 놀랍니다. 여자가 뛰고 있는 거예요! 캐서린이 마라톤을 하다가 자궁이 떨어지기라도 할까 봐 너무 걱정한 걸까요? 그는 이렇게 말합니다. "번호표 내놓고 내 레이스에서 꺼져!(Get the hell out of my race and give me those numbers.)"라고요.

여러분이 그때 주위에서 달리고 있던 남자 선수였다면 어떻게 하시겠습니까? 보기를 드릴 테니 한번 골라 보세요.

만약 내가 이 장면을 옆에서 보고 있었다면 어떻게 했을까?

① 캐서린의 자궁이 걱정되니, 조크 샘플과 함께 그녀의 참가 번호표를 뗀다.

② 그냥 내 갈 길 간다.

③ 조크 샘플을 캐서린으로부터 떼어 낸다. 그래서 캐서린 완주를 돕는다.

몇 번을 선택했나요? 첫 번째를 선택했다면 음…, 여성을 보호하고 싶은 마음일까요? 두 번째는 나와는 상관없는 일이라고 생각하는 사람이거나, 어쨌든 내 경기를 방해받고 싶지 않다고 생각하는 사람일 수 있습니다. 세 번째는 정의감이 강한 사람 같은데요. 보기에 세 번째가 가장 훌륭해 보이긴 합니다만, 실제로는 두 번째를 선택하는 사람들이 더 많아요. 당시의 상황으로 돌아가 보면 그럴 가능성은 더욱 크고요. '아니, 여자가 마라톤을? 저러다가 자궁이 떨어질 수도 있는데, 게다가 조직 위원장이 저렇게 적극적으로 만류하는데, 괜히 나섰다가 불이익을 받으면 어쩌지?'라고 걱정하기 쉽지요. 그건 그 사람 개인의 성격이 나쁘고 좋고 문제가 아니라, 그 당시의 상식이 잘못되었기 때문에 일어난 문제예요. 잘못된 상식을 바꾸지 않는 한 차별은 계속됩니다. 그러니 차별을 없애는 일은, 바로 과거와는 다른 상식을 만드는 일인 거죠. 그리고 거기에는 용기가 필요합니다.

당시 캐서린을 돕는 남자가 두 명 있었습니다. 한 명은 그의 코치

어니 브릭스였고 다른 한 명은 연인이었던 톰 밀러였습니다. 톰은 조크 샘플을 밀어내면서 캐서린에게 외칩니다. "뛰어 캐서린! 한 번도 달려 본 적 없던 것처럼, 그렇게 달려!"라고요. 이들이 조크 샘플을 떼어 내고 캐서린의 경주를 응원하지 않았다면 캐서린은 아마 뛸 수 없었을 겁니다. 그들 덕분에 캐서린은 계속 뛸 수 있었고, 이건 여성이 마라톤 대회에 참가할 수 있게 된 계기가 됩니다. 17년 만인 1984년 LA올림픽에서는 여자 마라톤이 정식 종목이 되었어요.

2017년은 캐서린과 어니 브릭스, 톰 밀러가 1967년 보스턴 마라톤 대회 조직위원장인 조크 샘플을 상대로 세기의 명장면(!)을 만든 지 50주년이 되는 해였습니다. 70세가 된 캐서린은 이번에도 보스턴 마라톤에 참가했고 당당히 완주를 하지요.

남성 중심 사회에서 여성을 배제하는 방식은 다양합니다. 특히 무언가 새로운 것이 등장했을 때 여성을 여기서 배제하려는 논리도 함께 '발명'이 되지요. 앞서 프랑스에서 최초로 참정권이 생겼을 때는 여성의 생리가 그 근거 중 하나였고, 보스턴 마라톤 대회에서는 여성의 자궁이 그 이유였듯이 말입니다. 자전거가 처음 발명되었을 때도 그랬습니다. 여성은 자전거를 타면 안 된다고 했어요. 그 이유는 '음란해진다'였습니다. 농담이 아니라 실화입니다. 한국에서도 예전에는 여자아이가 '자전거를 타면 처녀막이 찢어진다'는 소문이 사실처럼 흘러 다녔습니다. 지금은 그건 사실이 아니라는 것도 알고, '처녀

막'이 존재하지도 않는다는 걸 많은 사람들이 알게 되었지만 과거에는 이 말을 믿고 여자아이들에게 자전거를 타지 말라고 했었어요. 처녀막이 없다는 거 아시죠? 처녀막이 아니라 '질주름'이라고 불러야 맞습니다.

여성의 영역이 넓어지려고 할 때, 여성이 남성이 통제 가능한 영역인 집안에서 한 발자국 벗어나고자 할 때마다 통제가 들어와요. 전화기가 처음 발명되었을 때 여성은 전화기를 사용하면 안 되었습니다. 이유는 자전거 때와 마찬가지로 '음란해진다', '바람이 난다'였습니다. 전화나 자전거는 사람이 세상과 연결되는 장치입니다. 남성들은 여성이 세상 밖으로 나가는 걸 두려워했어요. 자신의 통제 밖으로 벗어나는 것을 원하지 않았죠. 그래서 과학적 지식의 이름을 빌려 이를 막습니다. 그러나 결국엔 성공하지 못하지요. 역사는 발전하고 세상은 바뀝니다. 여성들은 통제받고 관리당하는 삶에 저항해 왔어요. 자전거를 타고, 전화기를 사용하고, 마라톤을 하면서요. 여자가 자전거를 타도, 전화기를 써도 아무 일도 일어나지 않는다는 점을 '증명해야만' 하는 삶은 자유로운 삶일 수 없어요.

오늘날 많은 사람들은 당시 상식이라 믿었던 것들이 사실은 여성을 억압하기 위한 핑곗거리에 불과했다는 사실을 잘 알게 되었습니다. 세상은 변했습니다. 그러나 여전히 구분 짓기 위한 질문은 존재해요. 여자인지 남자인지를 쉼 없이 가늠하고 그에 걸맞은 역할과 옷

오늘날 많은 사람들은 당시 상식이라 믿었던 것들이 사실은 여성을 억압하기 위한 핑곗거리에 불과했다는 사실을 잘 알게 되었습니다. 세상은 변했습니다. 그러나 여전히 구분 짓기 위한 질문은 존재해요.

을 입히려고 합니다. 오늘날 페미니즘은 여자인지 남자인지 대답하는 대신 질문 자체에 질문을 던집니다. '왜 여자와 남자를 구분 짓는가?' 하고 말이지요.

여러분 '젠더'라는 말을 들어 봤나요? 언어는 그것이 필요할 때에 태어납니다. 뭔가를 설명해야 하는데 그 단어가 없을 때 답답했던 적이 있나요? 젠더는 바로 그런 답답함을 해결해 주는 말이에요. 섹스(sex)와 젠더(gender) 모두 성(性)이라고 번역하지만 의미에는 차이가 있어요. 섹스는 생물학적 성이고 젠더는 사회 문화적 성을 의미해요. 풀이하자면 섹스는 태어날 때부터 원래 그러한 것, 젠더는 그렇게 태어나는 게 아니라 사회 문화적으로 영향을 받는다는 의미입니다. '여성은 원래 열등하다.' 식의 잘못된 지식들을 만들어 내는 시대에 그게 아니라고 말하고 싶었을 겁니다.

예컨대 '여자는 원래 지능이 떨어진다.' 이런 주장을 하면 여기에 대해 그렇지 않다고, 그 이유는 사회적으로 교육의 기회를 박탈당했기 때문이었다고 말해야 했던 거죠. 그래서 빌려 온 게 '젠더'라는 말입니다. 성은 태어나면서 그 즉시 결정되는 것이 아니다, 중요한 것은 사회적인 성이다, 라고 보는 거예요. 즉 남자와 여자는 타고나는 게 아니라 길러진다는 겁니다. 여성의 사회적 지위가 상대적으로 낮은 것은 능력이 부족해서가 아니라 보이지 않는 사회적 장벽 때문이라는 거예요.

동시에 페미니즘은 '젠더'에 대해서도 질문을 이어 갑니다. '섹스가 원래 정해진 성이고 젠더가 사회 문화적인 것이라면, 그렇다면 젠더가 두 개뿐이라는 것은 누가 정한 거지?'라고 물어요. "인간은 남자와 여자, 딱 두 부류로 나누어지는가?", "그런 분류 기준은 누가 만들었는가?"라고요.

스스로를 여자라고 믿는 사람은 '여자'처럼 생긴 사람을 모델 삼아 여자가 됩니다. 남자도 마찬가지이고요. 언제가 처음이었는지도 모르게 우리는 여성성과 남성성을 익히기 시작합니다. 그렇다면 과연 어린아이 때부터 쫓기 시작하는 그 '성'의 개념은 무엇일까요? 우리가 흔히 '남자답다', '여자답다'라고 판단하는 기준 말입니다. 그런데 그런 게 정말 실재하기는 하는 걸까요? 어쩌면 우리는 각각의 성별에 대해 어떤 이상화된 원본을 상정하고 이를 계속해서 복사해 나가고 있는 건 아닐까요?

'성 구분 짓기'의 유구한 역사

박근혜 전 대통령이 취임했을 때 언론에서는 이를 두고 '한국 최초의 여성 대통령 등장'이라고 했습니다. 그 사람이 남자인가, 여자인가가 중요했던 거예요. 그러면서 여자라는 사실 자체만으로도 우리

정치사에 큰 의미가 있다고 보도했습니다. 심지어 선거 운동을 할 때도 여자라는 생물학적인 성이 그가 대통령이 되어야 하는 이유라도 되는 것처럼 선전했어요. 그러고는 그가 대통령이 되자 마치 우리나라 여성 인권이 크게 향상된 것처럼 보도했습니다. 당선 후에는 어땠을까요? 그 대통령이 정치를 잘 못했습니다. 연일 터지는 비리와 부정의한 사건들 앞에서 대통령이 무능력하다는 비판이 쇄도했습니다. 그리고 이번에는 그의 생물학적인 성이 무능함의 근거로 제시됩니다. "그럴 줄 알았다", "여자를 대통령으로 뽑아 놨더니 엉망이다." 그렇게들 말했습니다. 한때 대통령이 되어야 하는 이유가 나중엔 무능함의 근거가 되어 버린 거예요. '여자라서' 뽑아야 한다고 했다가 '여자라서' 망했다니 이게 대체 무슨 말일까요? 고구려나 조선 왕조는 그렇다면 '남자들이 왕이어서' 망한 걸까요?

대통령이 여자인지 남자인지는 그를 뽑는 데 중요한 기준이 아닙니다. 그가 정치인으로서 능력이 있는지 없는지, 이를 잘 발휘하는지 그러지 못하는지가 기준이 되어야 해요. 그러지 않으면 문제의 본질이 의미 없는 '성 구분 짓기' 뒤에 가려집니다.

그런데 박근혜 전 대통령을 '여자'로 구별 짓는 일은 멈추지 않았어요. 국정 농단 사건의 대통령 변호사는 "대통령이기 이전에 여자로서의 사생활이 있다는 점도 고려해 주셨으면 좋겠다"라고 했어요. 대통령의 국정 농단을 국민이 문제 삼고 있는데 거기에서 '여자'가 왜 나옵니까? 이상하지요 여러분? '대통령이기 이전에 여성'이라는 말을 어떻게 받아들여야 할까요? 성 구분 짓기로 동정심을 유발하려는 의도라고밖에 설명할 수 없습니다. 이처럼 성별을 비난의 근거로 사용하거나 방어의 수단으로 이용하는 일은 생각보다 많습니다. 특히나 '여성'일 경우에는 그 사람의 업적과 역사 앞에 '여성'이라는 성별 수식어가 달라붙습니다.

이런 시선은 흔합니다. 지난 2017년 5월 대통령 선거 때 모 방송사의 개표 방송을 보면 당시 유명 미국 드라마인 〈왕좌의 게임〉을 패러디했던 걸로 기억하는데요, 당시 심상정 후보는 궁전을 배경으로 드레스를 입고 있었습니다. 화면 한가운데에는 당시 구호였던 "기호 5번 노동이 당당한 나라"라는 글이 자막으로 나와 있어요. 누가 봐도 귀족 여성입니다. 우리가 흔히 생각하는 궁궐 속 공주의 모습이지요. 다른 남자 후보들은 굉장히 웅장하고 비장하게 등장합니다. 이에 반해 이 여성 후보만 화사한 분위기를 연출하고 있지요. 재미를 위한 설정이었다고 해도 선거 방송의 본질에서 벗어났다고 생각했습니다. 각 후보들이 내세우는 정치적 주장이 '성 구분 짓기' 뒤로 밀려났기 때문이에요. 이 장면에서 이 대선 후보는 '정치인'이 아닌 한 명의 '여성'이 되어 버립니다.

심상정 후보는 구호에서도 알 수 있듯이 '노동'을 중요시합니다. 노동 운동 이력이 꽤 있고요. 직접 공장에 들어가서 노동조합을 조직

했습니다. 한 정당의 대표이자 대선 후보였음에도 이 방송을 보면 그냥 한 명의 여자가 됩니다. 그의 주장, 정치적 신념, 리더십 같은 중요한 덕목들은 그 안에서 사라져 버리지요. 그럴 만큼 생물학적인 성이 중요할까요? 우리는 그렇지 않다는 사실을 이미 알고 있습니다.

이를 두고 많은 비판이 있었습니다. '노동이 당당한 나라'라는 국정 철학은 간데없고 '드레스 입은 공주'가 되었어요. 전혀 다른 정치적 견해를 가진 박근혜 전 대통령으로 얼굴을 바꾸어도 하나도 이상하지 않을 정도로, 그 후보의 정치적 입장은 전혀 드러나지 않았어요. 그들은 그저 같은 '여자들'일 뿐이죠. 재미있다고 생각할 수도 있어요. 그러나 성 구분 짓기의 폐해를 생각하면 웃고 넘길 수만은 없는 일이에요. 도대체 '여자'가 뭐기에, 유력 정치인마저도 그 안에 갇혀 버리게 되는 걸까요?

소저너 트루스(Sojourner Truth)란 분이 있습니다. 흑인 노예 출신인 이분이 1851년에 오하이오 주 애크런에서 열린 여성 권리 집회에서 '나는 여성이 아닌가요?'(Ain't I a woman?)라는 제목의 연설을 해요. 당시는 미국에서 노예 해방이 있기 전입니다. 다만 그가 살던 뉴욕주에서 부분적으로 자유가 허용되었지요. 덕분에 대중 연설을 할 수 있었습니다. 여기서, 잠깐 질문 하나 드릴게요.

아까 투표권 얘기했잖아요? 미국에서 백인 남성 다음으로 투표권을 받은 게 흑인일까요, 여성일까요? 네, 흑인 남성에게 먼저 투표권이 주어집니다. 1870년에 공식적으로 흑인도 참정권을 획득해요. 물론 흑인 여성은 제외하고요. 소저너 트루스가 연설한 게 1851년이니까, 이때는 흑인 남성도 투표권이 없던 때입니다. 참정권 쟁취를 위한 여성 대회였고 그 와중에 '흑인/여성'인 소저너 트루스가 자기도 연설하겠다고 손을 든 거예요. 직접 그의 이야기를 들어 볼까요?

저기 남성이 말하는군요. 여성은 탈것으로 모셔 드려야 하고 도랑은 안아서 건너 드려야 하고 어디서든 최고 좋은 자리를 드려야 한다고.

아무도 내겐 그런 적이 없어요. 나는 탈것으로 모셔진 적도 없고 진흙 구덩이를 지나가도 손 잡아 준 사람도 없고, 무슨 좋은 자리를 받아 본 적도 없어요. 그럼 나는 과연 여성이 아닌가요? (…) 나는 13명의 아이를 낳았고 그 아이들이 모두 노예로 팔리는 걸 지켜봤어요. 내가 어미의 슬픔으로 울부짖을 때 그리스도 말고는 아무도 내 말을 들어주지 않았어요. 그래서 나는 여성이 아닌가요?

160여 년 전 일입니다. 여러분, 잠깐 한번 그때를 상상해 봅시다. 서부 영화의 한 장면을 떠올려도 좋습니다. 백인 여성들이 마차에 오를 때 백인 남성들이 손을 잡아 줍니다. 앉을 곳에 손수건을 놓아 주고 다정하게 대화를 나누지요. 소저너 트루스는 이런 대접을 받았던 백인 여성들 앞에서 묻습니다. '그런 대우를 받지 못하는 나는, 그렇

다면 여자가 아닙니까?'라고요. 이 질문의 뜻은 "그러니까 나도 '여자'로 대해 달라"가 아닙니다. "당신들이 말하는 그런 '여성'은 도대체 누구인가?"라고 묻는 거예요. "여자가 약하다고요? 나는 전혀 약하지 않은데요? 저는 채찍도 정말 잘 맞는데, 그렇다면 나는 여자가 아닙니까?"라고 묻고 있습니다. 여성을 규정하는 시선이 실은 남성들의 필요에 따른 것임을 지적하는 거예요.

백인 남성들은 같은 백인 여성을 자신들의 필요에 따라 '연약한 여성'으로 만듭니다. 연약한 여성은 흑인 여성에게는 해당 사항이 없죠. 일을 시키고 부려먹어야 하는 대상을 '연약한 여자'라고 부르지 않는 거예요. 그때의 흑인 여성은 '흑인(노예)'으로 불립니다. 하지만 흑인 여성이 '여성'으로 불릴 때가 없지는 않습니다. 강간의 대상, 출산의 도구가 될 때예요. 이때 흑인 여성은 아이를 낳는 몸-자궁이 됩니다. 노동할 수 있고 돈이 되는 노예가 또 하나 생기는 거니까요. 그들에게 그것은 이익이 됩니다. 마치 집에서 기르는 가축을 사고파는 것처럼 노예를 사고팔 수 있었으니까요. 당시 백인 남성들에게 백인 여성은 보호와 관리가 필요한 대상이었고, 흑인 여성은 보호가 필요 없는 '흑인 노예'와 아이 낳는 도구(흑인 여성) 사이를 오갔습니다. 그리고 이들 중 어느 것도 '여성'을 그 존재로 설명하지 못합니다. 그저 응시의 대상이자 성적 도구일 뿐이지요.

온전히 남성의 시각에서 비롯한 자의적인 구별 짓기에 불과해요.

정확히는 '백인 남성의 필요'이지요. 백인 여성과 흑인 여성은 서로 다른 억압의 내용을 가집니다. 19세기 중반 미국에서 백인 여성은 보호와 배려라는 이름으로 포장된 채 순종을 강요당했습니다. 남성들이 백인 여성을 존중해서 보살핀 게 아니라, 보호와 관리가 필요한 열등한 존재라고 생각했기 때문에 그렇게 대한 겁니다. 그게 아니라면 왜 여성의 참정권을 그토록 오랫동안 막았겠어요.

트루스의 연설에는 당시의 이런 폭력적 상황이 고스란히 녹아 있습니다. 그리고 따지지요. 너희가 말하는 여자가 도대체 뭐니? 나는 밥도 많이 먹고, 채찍도 잘 맞고, 손 안 잡아 줘도 혼자 진흙 구덩이에서 나올 수 있는데 그렇다면 이런 나는 여자가 아니냐? 언제는 노예고 언제는 여자야? 누구 마음대로 그렇게 막 나를 갖다 붙이니? 하고 말이지요. 당시 '여성'이라는 말이 얼마나 정치적인, 필요에 따라 사용된 개념인지를 말하는 거예요. 오래전 이야기라고요? 그러나 이런 시선은 오늘날 대한민국에서도 발견됩니다. 앞서 말씀드렸던 박근혜 전 대통령의 '여성으로서의 사생활'이 그렇고, 대통령 후보로 나섰던 유력 정치인을 '공주'의 이미지로 그려 낸 방송사의 행태에서도 그렇습니다. '여자'라는 구분이 정치인으로서, 인간으로서의 본질을 가려 버려요.

여러분은 여자, 혹은 남자라는 말을 들을 때가 언제입니까? 아마도 수시로 들었을 거예요. 다만 기억을 못 할 뿐이겠지요. 예컨대 "여자

애가 옷이 그게 뭐니?" 이런 말 안 들어 보신 여자분 혹시 있어요? 없을 겁니다. 그런 말 언제 듣나요? 네, 대중없습니다. 노출이 심한 옷을 입었을 때 남자들은 "옷이 그게 뭐니?" 하고 지적하지요. 반대로 머리끝에서 발끝까지 촘촘히 가리면 괜찮은가요? 아니죠. 그때도 마찬가지로 "옷이 그게 뭐니?" 하고 지적합니다. 도대체 어쩌라는 걸까요? 그 뜻인즉 적당히 여성스럽게 옷을 입으라는 거예요. '적당히'가 포인트입니다. 모자라거나 넘치지 않게 적당히 여성다워야 한다고 말합니다. 남성들을 성적으로 긴장시켜서도 안 되고, 그렇다고 남성처럼 하고 다녀도 안 되는 거예요. 참 어렵습니다. 중요한 건 '그 기준이 무어냐'가 아니라, '왜 그런 소리를 들어야 하느냐'예요. 왜 우리는 정해진 성별에 따라 옷을 입어야 합니까?

남자들도 그런 소리 들을 때 있지요? 언제일까요? 맞습니다. 여자처럼 입을 때 그렇습니다. 분홍색 옷을 차려입거나 레이스 달린 옷을 입으면 당장 한소리 듣지요. "남자애가 옷이 그게 뭐니?(계집아이처럼)"라고요. 여성들이 '적당히' 여성스러울 것을 요구받는다면, 남성들은 여자처럼 입지 말라는 이야기를 듣습니다.

이 말들은 누구나 한 번쯤 해 본 소리고 들어 본 얘기예요. 그냥 잔소리라고 듣고 넘길 수도 있습니다. 그러나 이러한 평가에는 '성 구분 짓기'라는 오래된 전략이 숨어 있습니다. 이를 통해 우리는 관습적인 여성성/남성성을 받아들이게 돼요. 예컨대 남성에게는 성적 대상처럼 보이는, 드러내는 옷이 허락되지 않습니다. 딱 달라붙는 레깅스나 치마를 입으면 안 돼요. 왜 여자는 되고 남자는 안 될까요? 보기 싫어서? 미풍양속을 해치니까? 우리 사회를 지배하는 묵시적인 성 역할에 위배되기 때문입니다. 지배 규범 안에서 남성은 결코 성적 대상이 되어서는 안 돼요. 무슨 뜻이냐면, 남성이 어떤 여성을 선택할 수는 있지만, 반대로 여성으로부터 선택받아서는 안 된다는 뜻이에요. 규범 안에서 남성은 선택'하는' 존재이지 선택'당하는' 존재가 아닙니다. 여기에는 남성과 여성을 구분 짓고 각자의 자리에 묶어 두려는 의도가 깔려 있습니다. 자리를 정해 둔 거예요. 제가 지금 말씀드리는 성에 기반한 질서, 성의 정치는 우리의 일상을 통제합니다. 여자다움/남자다운 외모, 여자처럼/남자처럼 옷 입기, 여자답게/남자답게 행동하기 하나하나는 지금의 성 체제를 구축해요. 그 말을 듣고 그 말을 하면서, 그 말을 지키면서, 혹은 거부하면서 살아가죠. 우리는 여기에서 단 한 명도 자유롭지 못합니다.

우리가 '여자'라고 부르는 사람은 누구죠? 어떤 사람들이 '여자'에 해당합니까? '아줌마'는 여자인가요? '엄마', '아내' 등도 여자예요? 그런데 이 말들은 서로 '분리'되지 않아요. 아줌마는 누군가의 엄마이자 아내이고 여자가 맞죠. 아내는 밖에서 아줌마로 불리고 집에서 엄마로 불리죠. 같은 여자인데 여러 말로 불립니다. 그 사람의 몸이 바뀌는 게 아니에요. 단지 관계와 역할에 따라 부르는 말이 다른 것

뿐입니다. 그런데 이런 말은 어때요? "엄마는 여자보다 강하다", "결혼해도 내 아내를 여자로 봐 주는 남자." 이런 말 들어 보셨지요? 광고에도 등장합니다. 무슨 뜻인지는 짐작하실 겁니다. 그런데 그 말을 곰곰이 뜯어 보면 사회가 여성을 바라보는 시선이 고스란히 드러납니다. '엄마'는 역할입니다. 아이를 기르고 살림을 하지요. 여기에 등장하는 '여자'라는 말은 그런 역할이 없는 상태의 여성을 말합니다. 따라서 여성이 가족 제도 안에서 어떠한 역할과 기능을 할 때 그 존재 가치를 더 높다고 여깁니다. 마치 '여자'에서 '엄마'로 진화하기라도 한 것처럼요. 마치 엄마가 되기 전 여자는 연약하고 모자라기라도 한 것처럼 말이에요.

결혼해도 내 아내를 여자로 봐 주는 남자. 이 문장에서 '아내'는 결혼해서 남편이 있는 여자를 말합니다. 아내, '임자가 있는 몸' 혹은 '더 이상 성적 매력이 넘치지 않는 여자'를 뜻해요. 그럼에도 '여자'로 봐 준다는 건 성적 매력을 지닌 존재로 평가한다는 뜻입니다. 성적으로 더는 끌리지 않아도 되는 상황에서 그렇게 평가해 주는 남자는 어떤 남자인가요? 네, '좋은 남자'입니다. (웃음) 아내를 여자로 봐 준다는 것만으로 좋은 남자가 될 수 있다니, 그럼 그렇지 않을 경우 아내를 무엇으로 보고 있다는 말일까요. 혹시 '아줌마'일까요? 매력 없고 주책맞고 이기적인 이미지의 대명사 아줌마요. 그렇지만 기억해야 합니다. 아줌마, 아내, 어머니, 여자는 각기 다른 사람이 아니라는 것을요. 각각의 이름에 사실과 다른 이미지를 만들고 씌우는 건 여성들을 온전하게 하나로 통합된 '인간'으로 느끼는 것을 방해한다는 사실을요. 끊임없이 저 여자는 어디에 속하는지 가늠하고 평가하게 될 테니까요.

우리 사회는 끊임없이 말합니다. 여자가 되어라, 여자가 되면 좋다, 여자로 살면 편할 것이다, 보호받아라(보호해 주마), 꾸며라, 예뻐져라…. 그런데 정말 '여자'로 사는 게 좋은가요? 이때의 '여자'란 어떤 '여자'인가요? 연약해서 도와 주어야 하는 존재, 그래서 편하게 사는 존재 아닌가요? 그런데 그랬을 때 남자들이 가지는 불만이 뭡니까? 여자는 데이트 비용도 안 내고 힘든 일 안 한다, 남자들은 밖에 나가서 고생하는데 여자들은 집에서 편하게 지내면서 투정만 부린다, 이런 식이잖아요. 어쩌라는 겁니까? 일자리 뺏지 말고 애나 보라고 할 때는 언제고, "○○아, 오빠가 낼게." 하던 건 누굽니까. 어머니를 숭배하고 예쁜 여자에 환호하던 사람들은 누구죠? 이렇게 여/남을 정해진 역할이 있는 것처럼 나눈 세계에서 여자란 그저 수동적, 도구적 존재에 불과합니다.

"아버지는 남자보다 강하다." 혹은 "결혼해도 남편을 남자로 봐 주는 여자"라는 말이 없다는 걸 떠올려 보세요. 아버지-남자-남편-아저씨가 하나의 몸, 하나의 사람이듯이, 어머니-여자-아내-아줌마도 하나의 몸, 하나의 사람이라는 걸 느껴 보세요.

남성의 판타지와 그 안의 여성들

광고는 시대상을 반영합니다. 당대 사람들의 인식 수준과 가치관을 보여 주지요. 그런 의미에서 제가 광고 영상을 몇 개 가져왔습니다. 함께 보고 이야기 나누도록 하지요. 첫 번째 영상에는 어떤 남자와 여자가 등장합니다. 남자가 여자를 쫓아와서 몰래 사진을 찍어요. 나중에 이를 알아챈 여자가 남자를 바라보며 미소를 짓는다는 내용이고요.

두 번째 영상은 환경부 공익 광고 공모전 당선작인데요. '카본 킬힐'이라는 가상의 발명품을 개발자들이 설명하는 형식을 취합니다. 여자들이 신는 킬힐인데 굽을 따로 떼어서 컵으로 쓸 수 있어요. 모델로 등장한 여자는 신발에서 굽을 떼어 그 안에 커피를 담아 마십니다. 이걸 신고 뒤뚱거리며 뛰어가는 장면도 나오지요. 남성 개발자들은 그럼에도 이것이 필요한 이유, 이 제품이 혁신적인 이유를 설명합니다. 그러면서 마지막에 자막이 이렇게 깔려요. "온실가스를 줄이기 위해, 어렵게 카본 킬힐을 신거나 더 쉬운 것을 하거나 선택은 당신에게 달렸습니다."

이 영상들을 보니 어떤 생각이 드세요?

"첫 번째 영상에서 남자가 스토커 같다는 생각이 듭니다. 능동적인 남자에 비해 여자는 수동적으로 그려져 있고요. 두 번째 영상을 보면 남자들이 상당히 이성적이고 똑똑한 느낌인데 반해 모델로 등장하는 여자는 조금 멍청하게, 희화화된 듯합니다."

"다른 사람을 몰래 찍는 건 명백히 잘못된 행동인데 광고에서는 낭만적으로 다뤄진 듯합니다. 심지어 자신을 찍는 남자를 발견했는데요, 가서 따지거나 하지 않고 웃어넘긴다는 것도 비현실적이고요. 두 번째 영상을 보면 남자와 여자의 역할이 나뉘어 있는 것 같습니다. 여자는 일상에서 아무 생각 없이 일회용품을 쓰면서 온실가스를 배출하는 존재로 보이고, 남자들은 이를 해결하기 위해 노력하는 사람처럼 느껴져요."

"남자가 잘생겼잖아요. 몰래 사진 찍는 건 기분 나쁜 일이지만 저런 남자가 쫓아왔다면 조금 설레기도 했을 거 같아요. 남자도 다른 뜻이 있었던 건 아니니까요. 두 번째 영상에 등장하는 여자는 조금 문제가 있어 보입니다. 남자들은 지구를 걱정하는데 여자는 쇼핑이나 하고 카페나 들락거리며 일회용품을 쓰고 있으니 말이에요. 성차별적인 시선이라고 생각합니다."

네, 다들 감상을 잘 말씀해 주셨어요. 그냥 광고일 뿐이라고 생각하고 넘어갈 수도 있습니다. 실제로 제가 남성이었다면 그럴 수도 있었을 거 같아요. 그러나 여성의 눈으로 보면 지적할 부분이 너무 많

습니다. 만약 누가 쫓아와서 여러분 사진을 찍습니다. 그러면 광고에서처럼 웃을 수 있어요? 남자가 아무리 잘생겨도 그 상황에서 웃음이 나올 사람은 (여성은) 거의 없을 겁니다. 이 광고에는 훔쳐보기라는, 여성이 당하는 일상적인 폭력에 대한 이해가 보이지 않습니다. 그래서 비현실적이에요. 광고가 꼭 현실적인 필요는 없습니다만, 그것이 은연중에 성차별적 시선을 강화한다면 문제지요.

여자로 태어나는 순간부터 매일 듣는 말이 뭐예요. 몸조심해라, 밤늦게 돌아다니지 마라, 혼자 있을 때 문 꼭 잠가라, 이런 것들이잖아요. 왜 그렇습니까? 그만큼 여성들이 위험한 범죄에 노출되어 있다는 방증입니다. 이런 현실과 달리 광고 속 여성은 아무런 근심이 없어 보입니다. 낯선 남자를 향해 부끄러운 듯이 미소를 지어 보여요.

여성학에서는 이를 남성 판타지라고 합니다. '판타지'(fantasy)가 뭐예요. 공상, 혹은 환상이잖아요. 실제 그런 게 아니라 그랬으면 하는 거예요. 남자들은 저렇게 뒤따라가다가 들켰을 때 여자들이 부끄러운 미소를 지어 줄 것이라 생각한다는 겁니다. 하지만 현실 속 여성들은 그렇지 않죠. 방금 본 광고 속 남성은 SNS를 검색해서 그 여성을 찾아내고 메시지까지 보냅니다. 그러면서 남자라면 이 정도는 해야 남자답고 적극적이라고 생각해요. 여성들은 그런 남자가 부담스럽고 무서운데 말이지요. 여성은 낯선 남자가 나타나면 경계심을 느낍니다. 저렇게 웃을 틈이 없어요. 행여 폭력의 피해자가 될까 싶어

얼른 그 자리를 피하지요. 그런데 이런 얘기를 해도 남자들은 인정하지 않아요. 관심과 사랑이라고 항변합니다. 최근 데이트 폭력에 대한 관심이 높아지고 있지요. 신고 건수도 늘어났다고 합니다. 그런데 그 사례를 보면 스토킹이 상당한 비중을 차지해요. 몰래 내 몸을 찍었다, 전화하지 말라고 했는데 자꾸 연락한다, 전화번호 바꿨더니 SNS 계정 알아내서 쪽지 보낸다, 이런 거예요. 낭만적인가요? 앞서 본 광고는 이런 행위들을 마치 없는 것처럼 삭제하고 낭만화하고 있어요.

여러분 밤늦게 혼자 택시 타면 어때요? 남학생은 모르겠지만, 여학생들은 대부분 무서울 거예요. 괜히 집에 전화하는 척합니다. 남자들은 이해하기 어려워해요. 왜 멀쩡한 사람을 범죄자 취급하느냐고 기분 나빠합니다. 그런데 그건 남자들이 이상해서가 아니라 그들이 사는 세상과 여성이 경험하는 세상이 다르기 때문이에요. 얼마 전에 개그맨 김제동 씨가 미국 뉴욕에 갔던 경험을 한 방송에서 털어놨습니다. 그때 친구가 "뉴욕에서는 밤거리를 다니지 마라. 동양인 남자는 뉴욕에서 정말 조심을 해야 한다"는 말을 했는데, 그때 처음으로 공포를 느껴 봤다고요. 밤에 나가지를 못했다는 농담 아닌 농담도 섞었지요. 김제동 씨는 "자기에겐 일주일이지만 여성들에게는 일상"이라는 말도 잊지 않았습니다. 그리고 이제는 이런 문제에 대해 함께 이야기해야 한다고 강조했지요. 여자들만의 문제가 아니라 우리들의 문제로요. 개인의 문제가 아니라 불평등의 문제로요.

두 번째 광고는 여성에 대한 차별적인 시선이 담겨 있습니다. 여러분도 여성이 매우 우스꽝스럽게 묘사되었다고 느끼셨잖아요. 사실 환경 문제는 젠더 이슈가 아니라 모두의 문제예요. 인류가 직면한 위기를 여자/남자로 나누어 생각할 이유가 없잖아요. 그럼에도 이 광고는 온실가스 문제를 젠더화시키고 있습니다. 마치 환경 오염의 주범이 여성인 것처럼 묘사해요. 일회용품을 남용해서 지구의 환경을 어지럽히는 존재로 그려지지요. 그리고 남성은 이 문제를 해결하는 해결사로 등장합니다.

카본 킬힐이라는 가상의 발명품을 소개하는 그들을 보면 어때요. 매우 논리적이고 합리적인 존재처럼 보이죠. 여성이 오염시킨 사회를 남성이 구원한다는, 아주 오래된 구도를 그대로 답습하고 있어요. 젠더와 아무런 관련이 없는 영역에서도 이렇게 성 구분 짓기를 활용합니다. 그러니까 페미니즘은 '나쁜 사람들이 착한 사람이 되면 끝나는 문제'가 아니라, 정치의 문제라고 얘기하는 거예요. 개인의 문제가 아니라 오래된 관습과 맞서서 다른 상식을 만들어 가야 하는 거죠. 나만 잘한다고 되는 게 아니에요. 사회가 구조적으로 여성을 어떤 틀 안에 가두고 통제하려 하는 한, 문제는 해결되지 않습니다.

이 광고를 만든 사람이 '나는 성차별을 하고야 말겠어! 여자는 우스꽝스럽고 모자라게, 남자는 똑똑한 해결사로 묘사할 거야!! 원래 세상은 여자가 망치고 그걸 남자들이 구해왔으니까!'라고 생각하지 않을 거예요. 성 평등한 세상이 오기를 같은 마음으로 바라고 있을 겁니다. 하지만 생각을 그렇게 한다고 해서 그렇게 살 수 있는 건 아니에요. 성차별은 너무 익숙하기 때문에 애써 차별이 아닌지 질문해 보고 바꾸려고 노력하지 않을 경우 나도 모르게 차별에 편승할 수 있어요 그게 바로 차별입니다. 차별하는 줄 모르고 차별을 하게 되는 거죠.

이 광고는 시리즈예요. 몇 편이 더 있습니다. 그 영상은 말로 한번 설명을 해 볼게요. 여기 오신 분들이 저와 같이 대기 오염에 대한 공익 광고를 만든다고 생각하시면 됩니다. 광고 소재로 무얼 가져올지 회의를 한다고 가정해 볼게요. 아이디어 회의를 하는 겁니다. 자, 그럼 먼저 '대기 오염의 원인' 하면 뭐가 떠오르세요? (청중들: 자동차요, 배기가스!) 네 맞아요. 배기가스요. 그러면 그 다음을 생각해 보는 거예요. 자동차! 그럼 쓸데없이 차 끌고 나와 대기 오염시키는 사람들, 누가 떠오르나요? (청중들: 김 여사요~) 저와 같은 분을 떠올렸네요. (웃음) 네. 여러분과 저는 성차별에 반대하지만 똑같이 '김 여사'를 떠올렸네요. 아마도 그건 아줌마에 대한 고정 관념 때문이겠죠. 진짜로 아줌마들이 쓸데없이 차를 끌고 나오는지 아닌지는 중요하지 않아요. 그러면 '김 여사'는 쓸데없이 차를 끌고 나와서 어디로 갈까요? (청중들: 마트요, 카페요~) 네. 실제로 광고 제작자들도 우리와 똑같은 생각을 합니다. 그래서 이 광고 영상의 시리즈물 중 '에어 바스켓' 편

에서는 풍선에 가스를 주입해서 공중에 뜨게 만든 장바구니가 등장해요. 마트에 갈 때 이걸 가져가면 차를 타고 가지 않아도 된다는 발상입니다. 이걸 발명가들이 진지하게 설명하고 나중에 또 자막이 뜨죠. 그렇게 불편하게 사느니 차라리 대중교통을 이용하라고 말합니다. 역시나 여기에 등장하는 발명가들은 남성이고 이 희한한 발명품을 들고 마트로 가는 사람은 여성입니다. 아줌마가 마트에 장 보러 차를 가져왔다고 해 봅시다. 그건 쓸데없는 일일까요? 마트에서 장을 보고 은행에 들른 후, 집안에 아픈 누군가를 병원에 데려가고, 아이들을 학원이나 학교에서 픽업하기 위해 운전을 한다고 해 봅시다. 이건 쓸데없는 일일까요? 그리고 실제는 대중교통 이용률은 여성이 남성보다 높습니다. 여성의 승용차 이용률은 남성의 절반에 그치고요. 하지만 그런 사실을 이 광고를 만드는 사람들은 조사하지 않았어요. 우리는 '아줌마'들이 쓸데없이 차를 가지고 나온다고 생각하고 그 느낌을 떼어 내려고 하지 않으니까요. 아줌마, 직장인, 엄마, 김 여사 모두 같은 '사람'이라고 생각한다면 그런 일반화는 쉽지 않을 건데 말입니다.

자, 여러분 놀라지 마세요. 지금 저희가 본 영상은 환경부 공모전 대상 작품입니다. 정부가 나서서 성차별적인 광고를 말려도 부족할 판에, 외려 대상을 줍니다.

그리고 중요한 게 하나 더 남았습니다. 이 공익 광고 시리즈에 등장하는 남성과 여성을 떠올려 보면 재밌는 사실 하나를 발견할 수 있어요. 여성은 젊고 날씬하고 다리도 길고 긴 생머리에 하이힐 신은 여자로 한정되어 있는 반면, 남자들은 젊은 사람, 나이 든 사람, 머리가 길거나 짧은 사람, 안경을 쓴 사람과 아닌 사람, 스타일도 제각각이죠. 심지어 남자들은 이름이 있고 자막이 붙습니다. 대상화된-전형적인-단일한 '여성'과 인간인 남성이 대비되죠.

페미니스트들은 주장합니다. 이런 식의 성 구분 짓기를 멈추라고 말이지요. 그런데 이런 지적을 하면 남성들이 왜 자꾸 남자, 여자 편을 나누느냐고 해요. 서로 싸우지 말고 그냥 잘 지내면 안 되겠느냐고 말입니다. 그런데 그건 저희가 할 말이잖아요. 지금까지 계속 남자와 여자를 구분 지어서 차별하고 역할에 가두려고 했던 사람들이 누구입니까? 여성들은 투표도 못 하게 하고, 마라톤도 못 하게 하고, 자전거도 못 타게 한 사람은 페미니스트가 아니에요. 남녀 구별한 건 남성 중심의 세계를 구축하는 데 힘써 온 남성들입니다. 페미니스트는 여성과 남성을 나누고 각자의 자리를 차별적으로 배당하는 기존 질서에 저항하는 사람들이에요. 어떤 개인의 잘잘못을 따지는 것이 아니라, 이미 구조로 굳어진 젠더 질서를 바꾸자는 말입니다.

'○○녀'는 이제 그만!

말씀드린 것처럼 우리 사회는 끊임없이 여자와 남자를 구분 짓습니다. 정확히는 여성과 남성의 구별 짓기가 아니라, 인간에서 여성을 떼어 내는 방식입니다. 인간과 여성의 구별 짓기죠.

뉴스를 하나 볼까요. 교통사고가 났습니다. 차가 뒤집히고 불이 났는데 가해 차량 운전자가 도망쳤어요. 자막이 깔리는군요. 운전자 A씨 옆에 나이, 그리고 성별을 뜻하는 '여' 표시가 붙습니다. 원래 사고 뉴스에 이렇게 성별 표시를 하는구나 싶었는데, 다른 사고 뉴스를 보면 나이만 나와요. 자세히 보니 여자일 경우에만 '여' 표시를 합니다.

여러분 '여자' 학교 다니시는 분 있나요? 남자만 다니는 학교, 남자와 여자가 다니는 학교에는 이름에 성별이 들어가지 않습니다. 그냥 ○○중학교, ○○고등학교로 끝나요. 여자들만 다니는 학교는? 네, '여자'라는 말이 꼭 들어갑니다. ○○'여자'중학교, ○○'여자'고등학교, 이렇게요. 우리나라에 '남자 학교'는 없습니다. 남자들이 다니는 학교는 그냥 '학교'지만 그렇지 않은 학교 즉, 여자들만 다니는 학교는 '여자 학교'예요. 예외가 한 군데 있습니다.

2005년도에 서울 양천여고는 목동고등학교로 이름을 바꿉니다. 여고에서 남녀 공학으로 바뀐 게 아니라 여학생만 다니지만 굳이 '여'자를 넣을 필요가 없다고 판단한 거죠. 더 이상 의미 없는 성 구분 짓기를 안 하겠다는 의지입니다. 학교는 그냥 학교잖아요?

직업이나 장소에 '여' 자를 붙이는 예는 또 뭐가 있을까요? 너무 많아서 일일이 열거하기도 어려울 정도예요. 여교사, 여경, 여기자, 여의사, 여류 시인…. 다 접두사가 붙어요. 접두사가 붙지 않는 경찰, 의사는 모두 남성을 말하지요. 인간의 기본값이 곧 남성입니다.

이런 식의 구분 짓기는 어떤 상황을 인식할 때 성별과 같이 받아들이게 하는 효과를 낳아요. 그리고 그것은 문제의 본질에 다가가지 못하게 하고 사건을 왜곡시키기 쉽습니다. 성폭력을 다루는 언론 기사를 보면 잘 알 수 있어요.

'檢, 대장 내시경女 성추행 혐의로 의사 구속'

'재혼녀 조카 성폭행해 집행 유예 받고 또 범행'

'가방女 시신 용의자 숨진 채 발견'

'길에 쓰러진 20대 만취女 성폭행하려던 법원 보안대원'

방송, 언론에 등장한 기사 제목들입니다. 이들의 공통점은 범죄의 피해자를 '○○녀'로 부르고 있다는 점이에요.

성폭력을 포함해서 모든 범죄는 젠더 문제가 아니라 사회 문제입니다. 그런데 기사만 보면 마치 여성의 문제인 것처럼 여겨져요. 가해자는 아예 등장하지 않거나, 등장하더라도 남성이라는 성별을 명

시하지 않습니다. 가해자 없이 피해자를 등장시키고 피해자의 성별을 전면에 부각시키는 일은 이 사건을 '여성 문제'로 인식하도록 만듭니다. 대장 내시경녀, 가방녀, 재혼녀, 만취녀, 그리고 의사와 보안대원. 이 두 집단은 서로 같은 평균대 위에 올라와 있지 않아요.

언론이 범죄 사실을 보도하는 목적이 뭐예요? 가해자를 처벌하고 범죄를 막자는 거잖아요. 언론이 본분에 충실하려면 이런 식의 왜곡을 멈춰야 해요.

그동안 여성들이 오랫동안 언론에 문제 제기를 해 왔음에도 신문사 보도 원칙은 바뀌지 않고 있습니다. '대장 내시경녀' 보도가 나왔을 때 온라인에 이를 비판하는 댓글이 엄청나게 달렸어요. 급기야 페미니스트들이 모여서 기자 회견도 했죠. 언제까지 '○○녀' 타령을 할 거냐, 우리도 '기자 회견女'라고 부를 거냐?! 이렇게 항의를 했지요. 그런 노력들 덕분인지 그나마 최근에야 조금씩 변화가 생기고 있습니다. 실제로 얼마 전 '여중생 집단 성폭행한 고교생 22명 5년 만에 검거' 이런 제목의 기사가 났어요. 그런데 같은 사건을 보도하는 다른 신문은 '고등학생 시절 중학생을 집단 성폭행한 남자 22명이 붙잡혔다'로 제목이 바뀌더라고요. 여러분, 기사 제목이 어떻게 달라졌는지 눈치 채셨나요? (청중: 여중생이 중학생으로 바뀌었어요. 가해자들은 고교생에서 성폭행한 남자라고 썼어요) 네. 맞습니다. 여중생이 사라졌고, 사라졌던 가해자의 성별이 드러났어요. 이건 사소해 보이지만 중대한 변화입니다. 성폭력을 '여성의 문제'로 보지 않기 시작했으니까요.

2016년 6월에 흥미로운 사건이 온라인을 통해 알려졌어요. 신문에도 기사화됐었죠. 극장에서 영화를 보던 중 40대 남자가 옆자리에 앉은 여자에게 욕설을 하고 때렸어요. 이 남자는 현장에서 체포됩니다. 당시 극장에서는 여성 참정권 운동을 다룬 〈서프러제트〉를 상영하고 있었어요. 영국 여성들이 참정권을 달라 투쟁하면서 폭탄을 던지고 감옥에 갇히고 하는 그런 내용이에요. 그걸 보고 있다가 갑자기 가해 남성이 옆자리 여성에게 욕을 하고 얼굴을 때립니다. 그냥 욕도 아니고 성적으로 비하하는 욕입니다. 영화가 중단될 정도로 심한 욕설과 폭언이 있었다고 하죠. 곧이어 경찰이 출동했어요. 그랬더니 출동한 경찰이 가해 남성에게 "선생님, 진정하세요." 합니다. 일단 말려야 했겠지요. 그리고 사태를 파악하기 위해 신고한 여성에게 묻습니다. 그런데 질문을 하려다 말고 "아가씨세요, 아줌마세요?" 딱 봤을 때 잘 모르겠는 거예요. 괜히 아줌마라고 했다가 실례가 될지도 모른다고 생각했겠지요. 그 상황에서 호칭이 뭐 그리 중요했는지 모르지만 아무튼 그랬답니다. 그래서 이분이 항의를 합니다. 왜 가해자는 선생님이라고 부르면서 나에게는 아가씨인지 아줌마인지 묻느냐고 항의를 했죠. 그랬더니 경찰이 다르게 부르더랍니다. 뭐라고 불렀을까요? 네. 경찰은 이분을 '여선생님'이라고 불렀답니다.

이 경찰관에게 나쁜 의도가 있었다고 생각하지는 않습니다. 가해

자 편들고 여자분 망신주려고 그런 게 아니에요. 분명히 피해자를 보호하고 가해자를 잡아가기 위해 출동했을 겁니다. 다만, 상대가 여성일 때에 성별을 표시하지 않은 방식으로 상대를 불러 본 적이 없는 거예요. 여성의 몸은 언제나 성별 딱지가 붙으니까요.

운전 못하는 여자 사진이 올라오면 제목에 '김 여사'가 들어갑니다. 이런 딱지 붙이기는 새롭지 않습니다. 너무 익숙해서 문제로 느끼지 못할 정도지요. 2005년 무렵 등장한 '개똥녀'를 시작으로 강사녀, 군삼녀, 신상녀, 명품녀, 된장녀, 김치녀…. 끝도 없이 나옵니다. 이런 호명은 개인의 인격을 무시하고 딱 하나의 기준, 즉 성(性)으로 규정해 버립니다.

인터넷상에서 이런 현상은 더욱 두드러집니다. 이와 관련해서 사진을 하나 보도록 할게요. 아이가 힘들었는지 지하철에서 누워 있고 엄마가 옆에 앉아 있습니다. '맘충'을 검색하면 나오는 사진이죠. 다른 사람들 생각 안 하고 그저 자기 자식만 위한다는 뜻으로 사용하는 여성 비하 용어입니다. 우리 엄마와 '맘충'은 전혀 다른 집단이 아님에도 불구하고 어머니는 숭배하고 '맘충'은 비하하죠. 우리에게도 저렇게 힘들다고 떼쓰고 드러눕고 엄마에게 매달리던 어린 시절이 있었습니다. 비난하고 욕하기보다는 더 눈여겨보고 도울 일은 없나 살피는 감수성이 필요하겠죠.

아무튼 이 사진이 '맘충'이라며 올라왔을 때 같이 욕하는 사람도 있었지만, 이에 같은 방식으로 반박하는 사람도 있었어요. 댓글에 달렸던 사진을 한 장 보여드릴게요. 이 남자분은 지하철에서 오줌을 누고 있군요. 이 사람은 뭐라고 부를까요? (청중: 진상…?) 네. 희한하게 여기서는 성별 딱지가 붙지 않아요. 2016년 이후에야 남성에게도 성별 딱지를 붙이는 말들이 생겨나기 시작해요. 여러분들이 알고 있는 바로 그 '미러링'의 방법으로요. 마치 '여성임'이라는 사실 자체가 문제인 것처럼 온갖 것에 '여/녀'를 붙이는 일이 왜 문제인지 조금은 알겠나요?

심지어 인터넷상에서는 '보슬아치', '보픈카' 등 '여/녀'자 말고 여성의 성기를 접두사로 씁니다. 20년 차 페미니스트인 저도 그 단어를 피할 방법이 없어요. 보슬아치이냐 아니냐는 제 결정 사항이 아니에요. 누군가 여성의 권리를 주장하는 저에게 '보지가/여자인 게 벼슬인 줄 아세요?'라고 말하면 저는 보슬아치가 되는 겁니다. 저보다 더 오래 여성 운동을 해오신 원로 페미니스트 한 분이 어느 날 길 가다가 20대 남성에게 성추행을 당했습니다. 그 순간 이분은 성적 대상이 되어 버린 거예요. 여성 인권 운동을 하든 안 하든, 고학력이든 아니든, 돈이 많든 적든, 여성으로 보이는 한, 성적 침해의 대상이 되는 일은 더 이상 여성의 선택 사항이 아니에요. 침해할지 아닐지는 그것을 결심한 사람이 하게 됩니다.

내가 어떤 인간인지 상관없이 어떨 때는 '김치녀'가 되고 어떨 때

는 '보슬아치'가 됩니다. 남성의 요구를 받아들이지 않을 때, 그들의 자리를 위협할 때, 심지어 범죄의 피해자가 되었을 때도 그렇게 취급당해요. 아다시피 여성을 분할하고 대상화하는 말들이 다양해지고 많아졌어요. 언어뿐만 아니라, 각종 광고나 게임 이미지들도 여성을 성적 대상화하는 장면들로 넘쳐납니다. 그것들을 가공, 복제, (재)생산 및 확산하는 디지털 미디어 환경은 여성을 놀잇감으로 삼는 놀이터처럼 움직이기도 합니다. 너무 쉽게 일어나서 여성의 몸을 동의 없이 촬영한 사진과 영상을 다운로드받고, 보고, 파는 일에 죄책감이 없는 사람들도 있습니다. 그건 너무 흔해서 범죄로 인식하기 어렵지만 범죄가 맞습니다.

페미니즘에서는 젠더 체계, 젠더 위계, 젠더 문법이라는 말을 사용합니다. 성에 따라서 각기 다른 지위와 규범이 주어지는 체계를 말해요. 우리 사회가 바로 그렇습니다. 여기에서 벗어나려면 이러한 구조가 어떻게 만들어지는지, 나는 어디쯤 서 있는지, 나는 여자/남자가 되기 위해 어떤 노력을 하고 있지? 그 이유는 뭐지? 이런 질문이 필요합니다.

구분 지어진 세상을 향한 질문

페미니즘은 바람직한 성을 정해 주고 구별 짓는 체계에 대한 질문이에요. 아까 그 광고에서 왜 여자는 우스꽝스러운 모습으로 등장했지? 왜 언론에서는 피해자를 '○○녀'라고 부르는 걸까? 이런 질문 속에서 세상을 보는 거예요. 인식론이자 실천입니다. 쉽게 말하면 생각하고 움직이는 거예요. 생각 없이, 무비판적으로 보고 들은 대로 느끼며 사는 게 아니라, 한 번쯤 질문을 던져 보자는 거예요. 그러다 보면 한 발자국씩 앞으로 나가게 되는 거예요. 나라는 존재에 대해, 지금의 나를 만든 어떤 위계에 대해서요.

우리나라에서 돈을 제일 많이 버는 사람이 누구입니까? 네, 재벌 총수들이지요. 그런데 이 사람들에게는 성(性)이 붙지 않습니다. 대기업 회장 옆에 괄호 열고 '여(女)' 이런 표시한 거 본 적 있나요? 한 사회에서 주도적인 위치를 점하고 있기 때문에 그럴 필요가 없는 겁니다. '딱지 붙이기'는 소수자에게만 해당합니다. 여성, 장애인, 유색인종 등이 바로 그 대상이지요.

딱지가 붙지 않는 사람은 그 사회에서 특권을 누리고 있다고 보면 됩니다. 설명을 요구받지 않아요. 운전을 잘 못할 때 '김 기사, 김 신사', '김 男사(?)' 등으로 불리지 않을 수 있는 건 특권입니다. 김 여사라는 단어의 성별을 바꿔서 말하려고 했는데 남자임을 표시할 수 있

는 적절한 단어가 없네요. 김 기사도 성별을 표시하는 단어는 아니고요. 그렇죠? 아이들을 데리고 다니다가 실수를 해도 '파파충'으로 불리지 않는 것도 특권입니다.

남성 중심 사회에서 딱지는 여성에게 붙습니다. 비장애인 중심 사회에서는 장애인이 그 대상일 거고, 원주민 중심의 사회에서는 이주민이 그럴 수 있어요. 동성애자도 마찬가지입니다. 이들에게는 질문이 이어져요. 정말 남자가 좋으냐, 결혼도 할 거냐, 남자랑은 어떻게 자냐 등등. 이를 통해 계속해서 남들과 다른 존재로 규정하는 '구분 짓기'를 당합니다.

성인 중심 사회에서는 청소년이 그렇지요. 공부는 잘하냐, 반에서 몇 등이나 하냐, 학생이 옷차림이 그게 뭐냐, 머리가 길다, 어른 앞에서 자세가 그게 뭐니 등등. 규칙은 성인이 정하고 미성년은 그 규칙을 지킬 책무를 부여받습니다.

제가 지금까지 젠더 문제를 말씀드렸지만, 이것이 남자와 여자의 문제가 아니라는 점을 강조하고 싶어요. 이것은 낙후된 과거와 미래와의 싸움입니다. 곧 우리 모두의 문제라는 거예요.

우리 사회에서 여성은 구분 짓기의 대상이면서 소비의 대상이기도 합니다. 우리 사회는 남성의 성적 욕망에 관대합니다. 심지어 성폭력 사건이 일어나더라도 남자인데 그럴 수도 있지 하고 말할 때가 있어요. 그리고 그런 말들은 남자아이들이 더 좋은 사람이 되는 일을 방해합니다. 중학생을 집단 성폭행한 사실이 나중에 밝혀졌을 때 가해자들의 반응은 '그렇게 큰 잘못인지 몰랐다'는 것이었습니다. 왜 몰랐을까요? (청중: …) 아무도 알려 주지 않았기 때문이죠. 여성이 강간을 즐긴다는 건 남자들이 만들어낸 판타지(환상)라는 것도, 그리고 진정한 남자다움은 타인에 대한 존중, 즉 인간다움이라는 것도 알려 주지 않았기 때문이에요.

게다가 남성들은 손쉽게 욕망을 채울 수 있어요. 성인 남자를 위한 영화나 드라마는 도처에 널려 있습니다. 게임, 만화도 마찬가지지요. 그 안에 등장하는 여성 캐릭터의 비현실적인 몸은 남성들의 성적 판타지를 충족시켜 줍니다. 문제는 이를 통해 성에 대한 왜곡된 인식이 강화된다는 거예요.

여기 청소년들이 있습니다. 서로 좋은 감정이 생겨서 이성 연애를 한다고 칩시다. 사귀다 보면 스킨십도 합니다. 성관계를 하고 싶을 때가 있죠. 언젠가 청소년 성교육 강사 교육을 갔더니 한 분이 질문을 하셨어요. 성관계를 할 때에는 반드시 동의를 구해야 한다고 가르치지만 그것이 가능한가라는 의문이 든다고요.

그리고 그 강사분에게 한 남학생이 이렇게 물어 왔다고 해요. "선생님, 섹스를 하고 싶은데 여자 친구가 동의를 안 해 줘요. 어떻게 하면 동의를 구할 수 있을까요?" 그런데 같은 강의를 들은 여학생의 질문은 이런 거죠. "선생님, 남자 친구가 섹스하자고 너무 조르는데 저

는 하고 싶지 않아요. 어떻게 하면 남자 친구 기분 상하지 않게 거절할 수 있을까요?"라고요. 한쪽은 설득을, 한쪽은 거절을 고민합니다. 남학생들은 이런 생각일 겁니다. '나는 하고 싶은데 왜 저 사람은 하기 싫어하지? 나를 안 좋아하나?'라고요. 하지만 이건 더 좋아하거나 덜 사랑하는 문제가 아니에요. 여성의 주체적인 욕망을 허락하지 않은 사회에서 여성들의 섹스는 곧바로 평가의 대상이 돼요. 주체적으로 애인의 요구를 수용한다 한들 섹스 이후의 품평은 여성에게만 일어납니다. 그러니 여성에게 섹스는 동의와 비동의로 나눌 수 있는 간단한 것이 아니에요.

남성들은 성관계를 쉽게 생각하는 경향이 있어요. 관계가 아니라 욕망의 관점에서 봅니다. 남자는 처음 성관계를 맺고 났을 때 "총각 딱지를 뗐다"고 표현합니다. 여자는 "순결을 잃었다"고 하지요. 남자는 비로소 시작인 거고 여자는 이제 끝난 겁니다. 심지어 섹스를 함과 동시에 '걸레'라는 말을 들을 수 있어요. 섹스를 하지 않아도 '사귄대'라는 소문만으로도 '걸레'가 되는 일이 가능합니다. 여성에게는 말이죠. 이런 상황에서 여자가 쉽게 성관계 여부를 결정할 수 있을까요?

남성들에게 이성애적 섹스는 무엇일까요. 남자들에게 그것은 (걸레가 아니라) 과시의 수단이 됩니다. 이를 통해 자신이 얼마나 남자다운지 보여 주는 거예요. 남자들은 성관계 경험이 많은 남자를 부러워합니다. 자주 여러 번 하는 남자는 '강한 남자'가 되지요. '남자답다'는 말은 곧 성적 능력이 뛰어나다는 말처럼 쓰입니다. 그런데 정말 그런 게 남자다운 것일까요? 여성학에서 이런 왜곡된 남성성을 문제 삼습니다. 폭력성과 남성성을 헷갈려할 때 그건 남성도 여성도 누구도 행복하지 못하다고 말합니다. "오~~ 먹었냐? 오오 레알 남잔데?!"라는 말을 하는 주변 친구들이 있다면, 여성을 착취하는 것을 남자다움으로 착각하지 말라고 말해 주어야 합니다. 남자다움은 그것에 있지 않으니까요.

여기서 우리는 질문해야 해요. 한 사회가 왜곡된 남성성을 가지고 있을 때 그것을 용인하고 부추길 때 여성을 성적 대상으로 소비하는 일을 막을 수 있느냐고 말입니다. 그런 사회에서 여성은 취약해질 수밖에 없습니다.

여성을 성적 대상이 아니라 하나의 온전한 인격체로 본다는 건 뭘까요? 우리는 그게 뭔지 알고 있을까요? 성 역할을 강조하는 사회에서 우리는 그런 감각을 배우지 못했을지도 몰라요. 하지만 계속 몰라서는 안 되겠죠. 그러니 남자인지 여자인지 따지기 이전에 한 명의 인간으로 보는 연습을 해야 해요. 많은 노력이 필요합니다. 우리는 너무도 오랫동안 남녀로 구별 짓기된 세상에 갇혀 있었으니까요. 페미니즘은 묻습니다. 성별을 떠나 모두가 공존하는 방식에 대해서 말입니다. 오늘 강의는 여기서 마치겠습니다. 고맙습니다.

청중 우리 사회가 남자답다, 여자답다는 말에 대해 왜곡된 인식을 갖고 있다고 말씀하셨는데요. 그렇다면 이를 대체할 말이 따로 있을까요?

김홍미리 페미니즘은 궁극적으로는 그런 말 자체가 없는 세상을 지향합니다. 이상적으로는 그렇지만, 현실에서는 그런 말이 안 쓰일 수가 없지요? 그렇더라도 가능한 여자답다거나 남자답다라는 말을 사용하지 않는 것은 중요합니다. "너는 여자인데 남자처럼 놀아." 이런 말보다는 성별을 구별 짓지 않는 단어를 사용해 보는 겁니다. "너는 뛰어노는 걸 좋아하는구나!" 이렇게요. 그렇게 사용하다 보면 남자답다/여자답다는 말이 촌스러워질 때가 올 거예요. 그 말들이 허상이라는 것쯤은 알릴 수 있겠죠.

사람들은 남자답다, 여자답다는 말에는 마치 그것에 어떤 고유한 원본이라도 있는 것처럼 생각하곤 합니다. 바람직한 남성상을 상정하고 거기에 맞추려고 해요. 여성스럽다는 말도 마찬가지고요. 남자는 박력이 있어야 하고, 운동도 잘해야 하고, 망설임 없이 '남자답게'

추진해야 하고 감정을 드러내서는 안 된다고 하고, 반면에 여성은 공감도 잘하고 조용하고 수동적이라고 여기는 건 그 둘이 정말 그렇게 달라서가 아닌 거죠. 원본은 없어요. 남자답다/여자답다는 말을 들으며 그게 맞는가 보다 하고 따라 하게 되는 거죠. 이런 수행은 너무 당연하고 광범위하게 일어나기 때문에 멈춰서 질문해야만 발견할 수 있어요.

페미니즘은 이런 식의 재생산이 왜 필요한지 묻습니다. 굳이 '나'라는 인격체를 남자답다, 여자답다는 틀에 가둘 이유가 있냐는 거예요. 지금과 같은 방식으로는 둘 다 행복해지기 어렵습니다. 있지도 않은 허상을 쫓는 대신, 인간으로서 내가 어떤 사람이 되고 싶은지, 나의 가치는 무엇인지, 좀 더 근원적인 고민을 해 보았으면 합니다.

청중 페미니즘에도 여러 부류가 있다고 알고 있습니다. 한편에서는 메갈리아 같은 급진적 페미니스트들의 '남성 혐오'를 문제 삼고 있는데요, 어떻게 생각하시는지요.

김홍미리 문제를 이해하려면 시야를 넓힐 필요가 있습니다. 젠더를 구조의 문제로 이해하고, 남성 중심의 질서에서 살아가야 하는 여성의 삶이 어떤지 살펴 봐야 해요. 한국 사회는 기본적으로 미소지니(misogyny 여성 혐오) 사회예요. 여성들은 그 안에서 살기 위해 저항할

수밖에 없습니다. 그런 상황에서 일부 급진적 페미니스트들이 왜 미러링 전략을 사용하는지 생각해 볼 필요가 있습니다. 잠시 머물러 보는 거예요. 김제동 씨처럼요. 그들의 행동을 '남성 혐오'로 규정하고 남성을 피해자로 묘사하는 일은 그들이 왜 그런 전략을 쓰는지 궁금해하는 것보다 매번 앞서서 튀어나옵니다.

여러분 온라인 세계를 잠깐 들여다보세요. 여자 화장실의 비동의 범죄 촬영물, 유포에 동의하지 않은 성관계 동영상들이 돌아다닙니다. 거래되는 것은 여성의 몸이고, 판매자와 구매자는 남성입니다. 남성들은 이런 자료들을 각종 음란 사이트, 남초 커뮤니티, 카톡 채팅방에서 공유합니다. 언어 폭력은 또 어떻습니까? 일베 같은 극우 사이트에서는 여자들을 여자라고 부르지 않아요. 여자 성기로 부릅니다. 요즘은 다양한 방식으로 여성의 몸을 전시해요. "지인, 친구, 애인 제보받습니다. 부담 없이 메시지 주세요. 익명성 500퍼센트 보장. 아찔한 사진 보내주시면 합성해 드립니다." 사귀다 헤어진 여자에게 복수하려고 성행위 동영상을 올리는 경우도 부지기수지요. 이런 자료들이 엄청난 조회 수를 기록합니다.

조금만 들여다보면 온라인 세계에서 여성은 그저 성욕의 대상일 뿐입니다. 어쩌면 이게 좀 더 우리 사회의 본 모습에 가까울 수 있어요. 사회의 익명성이 보장되잖아요. 오프라인에서는 점잖은 척, 여자를 위하는 척하다가도 모니터 앞에만 서면 마음껏 숨은 욕망을 분출

시킬 수 있습니다.

그 안에서 맞서 싸운다는 건 오프라인 공간에서보다 열 배 백 배는 힘든 일입니다. 남성들이 말하는 극단적 페미니스트 커뮤니티인 메갈리아의 등장은 그런 의미에서 무척 특별한 사건이었습니다. 그렇게 과격한 방식으로 싸운 사람이 없었다고요. 처음 있는 일이었습니다.

용산 참사 때, 쌍용 자동차 파업 때 어땠습니까? 공권력에 잔인하게 짓밟혔지요. 그럼에도 그분들은 끝까지 싸웠습니다. 그런데 이분들이 과격하다고 비난할 수 있을까요? 물론 그분들을 극렬 과격 세력이라는 둥 좌파 세력이라는 등 온갖 언어를 동원해 비난한 사람들이 있었습니다. 누구였는지는 아마 여러분도 잘 아실 거예요.

내 몸이 언제 어디서 나도 모르게 찍힐지 모르고, 언제 어떤 식으로 온라인에 올라올지 모른다고 생각해 보세요. 그리고 얼굴도 모르는 다수의 남성들에 의해 모욕받는다고 생각해 보세요. 정말 끔찍하지 않나요? 조심하면 되지 않냐고요? 매일 아침 지하철에서, 화장실에서 심지어 남자 친구조차 경계하면서 살아야 하는 여성으로서는 도움이 안 되는 말입니다.

온라인에서의 폭력은 누구나 그 대상이 될 수 있습니다. 제가 여성운동 20년을 했지만 이렇게까지 심하리라고는 생각 못 했어요. 메갈리아 사건을 알기 전까지는 정말 몰랐습니다. 적어도 메갈리아가 등장하고 나서 남성들은 긴장하기 시작했어요. 마음대로 마치 이 세상

에 여성은 존재하지 않는 것처럼, 여성을 능욕했던 사람들이 불편해진 거예요. 메갈리아는 그들과 싸웠습니다.

어떤 몸은 음란물이 됩니다. 될 수 있습니다. 그리고 그것은 그 몸이 선택할 수 있는 사항이 아니에요. 이 사회가 '여자들의 몸'은 거래되고 소비 가능한 것으로 합의한 듯이 움직이니까요. 여학생들은 음란물이 될까 봐 걱정하고, 남학생들은 그 음란물을 즐기는 걸 남자답다고 오해하는 세상, 이런 세상이 과연 누구에게 행복감을 가져다줄까요?

남성이든 여성이든 다른 한쪽을 혐오하는 것은 옳지 않습니다. 다만, 남성 혐오는 불가능하다는 것을 말씀드리고 싶어요. 혐오는 약자를 지배하기 위한 강자들의 감정이기 때문이에요. 분노한 여성들이 남성에게 향하는 감정은 말 그대로 분노인 겁니다. 남성들이 여성을 인간으로 초대하면 사라질 것들이고요.

일방적으로 맞던 사람이 자기를 방어하는 데 주먹을 사용했다고 해서 똑같이 폭행범 취급해서는 안 돼요. 저항권은 보장되어야 합니다. 더욱 중요한 것은 '너는 맞아도 돼(여성의 몸은 찍어도 돼. 봐도 돼)'라는 부당한 합의 사항을 없애는 일입니다. 지금 이 순간에도 어디선가 여성의 몸을 촬영해 거래하고 유포하고 있습니다. 누군가는 살 것이고 신상을 찾아 헤매겠죠. 그리고 그들은 남성일 겁니다.

당신이 피해자일 수도 있어요. 조심한다고 될 일이 아닙니다. 그런

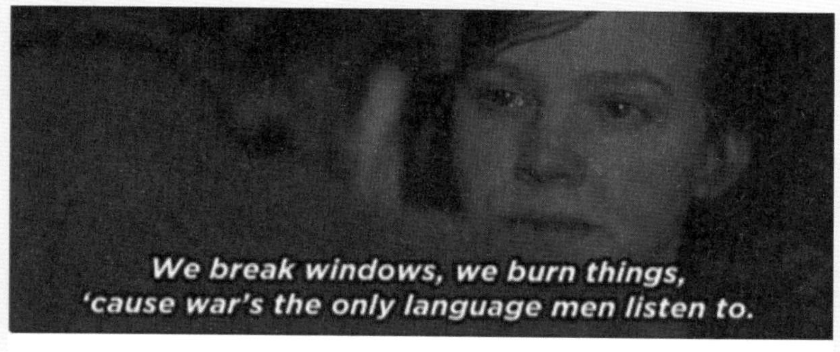

우린 창문을 부수고, 불을 질러요.
왜냐하면 전쟁만이 남자들이 알아듣는 유일한 언어니까요.

▲ 영화 <서프러제트>의 한 장면.

일을 당했을 때 끝까지 찾아내서 책임을 묻는 자세가 중요해요. 그래야 다시는 그런 일이 안 생깁니다. 경찰이 안 받아 주면 여성 단체라도 찾아가세요. 연대해야 합니다.

신문에서 '옆자리녀' 사건으로 보도했던, 아까 말씀드렸던 사건이요, 그때 상영 중인 영화가 〈서프러제트〉라고 했지요. 영국 여성들의 투쟁은 지금보다 훨씬 격렬했습니다. 폭탄까지 던졌다니까요. 그 이면에는 분노가 있었습니다. 부당한 차별과 착취를 참을 수 없었던 거예요. 영화에서 경찰에 연행된 주인공이 조사받는 장면이 등장합니다. 남성 경찰관이 시위 방식의 폭력성을 비판합니다. 이때 주인공은 이렇게 답합니다. "우린 창문을 부수고, 불을 질러요. 왜냐하면 전쟁

만이 남자들이 알아듣는 유일한 언어니까요"라고요.

페미니스트들에게 남성들이 하는 '조언' 중 하나가 바로 화내지 말고 이야기하라는 것입니다. 친절하게 말하면 더 많은 사람들이 들어줄 거라는 거예요. 그 말에 수긍하고 그런 전략을 사용해 온 페미니스트들이 있습니다. 하지만 '오빠가 허락한 페미니즘'을 거부하는 페미니스트들도 있습니다. 그 방식은 오빠가 허락하는 범주 안에서만 말할 수 있다는 점에서 한계가 명확하니까요.

페미니즘은 누군가의 허락을 받기 위해 존재하지 않아요. 다른 사람들이 규정해온 '나의 삶'을 복원하고 해석하기 위해 존재합니다. 그러니 저는 페미니즘을 극단적 부류와 온건한 부류로 나누고 극단적 부류를 비판하기보다는, 더 나은 방식을 고민하며 연대의 손을 내미는 게 옳다고 봅니다. 관찰하고 판단하는 대신 내가 나의 방식으로 행동하는 거예요.

변화를 만들어 가는 일에 이 자리에 있는 모두가 함께했으면 좋겠습니다. 고맙습니다.

인권의 눈으로 살펴본 우리 사회의 불평등

오창익(인권연대 사무국장)

오창익

인권연대 사무국장으로 일하는 인권 운동가. 듣고 말하고 읽고 쓰는 활동을 거듭하고 있다. 수사부터 재판, 형 집행에 이르는 과정에 대해 공부하고 사회적 발언을 하고 있으며, 다양한 인권 현안에 대한 실천 활동을 하고 있다. 쓴 책으로 『십중팔구 한국에만 있는!』, 『사람답게 산다는 것』, 『검찰 공화국, 대한민국』(공저), 『인문학이 인권에 답하다』(공저), 『10대와 통하는 청소년 인권 학교』(공저), 『간신』(공저), 『인간은 왜 폭력을 행사하는가?』(공저) 등이 있다.

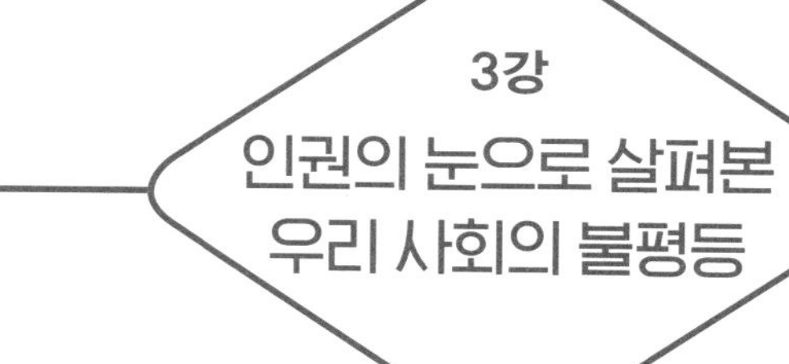

3강
인권의 눈으로 살펴본 우리 사회의 불평등

안녕하세요. 인권연대에서 일하는 오창익입니다. 오늘은 인권의 눈으로 한국 사회를 들여다보고, 인권의 역할을 찾아보려고 합니다. 한국은 세계 10위권의 경제 대국으로 성장했고, 현직 대통령을 탄핵하는 등 남들이 부러워할 만한 민주적 성취도 이뤄 냈습니다. 그럼에도 한국 사회의 구성원들은 여전히 여러 가지 고질적인 문제 때문에 힘들게 살아가고 있습니다. 한국 사회가 안고 있는 문제 중에 손꼽을 만한 고질적인 병폐는 사람을 존중하는 문화나 시스템이 매우 부족하다는 겁니다. 단지 나이가 어리다거나 여성이라는 이유만으로, 직급이 낮다거나 하는 여러 가지 이유 때문에 인간적인 대접을 제대로 받지 못하는 경우가 너무 많습니다. 다른 사람을 깔보거나 함부로 대하는 일도 심각한 수준입니다. 흔히 이야기하는 '갑질' 현상은 어느 특정 분야에만 국한된 것이 아니라, 차라리 일상적입니다. 이 글에서는 갑질 현상을 통해 우리 사회의 불평등을 비롯한 여러 병폐를 인권의 눈으로 살펴보고, 이를 극복하는 방안도 인권의 개념을 통해 찾아볼 것입니다.

먼저 우리 사회를 뜨겁게 달군 두 가지 사건에 대한 이야기부터 시작하겠습니다.

'갑질 공화국'의 민낯

몇 년 전 현역 육군 대장 부부가 공관병에게 했던 갑질이 알려졌습니다. 별을 네 개나 단 대장과 그의 아내가 사병을 공관병이란 이유만으로 하인처럼 부려먹었고, 온갖 인권 침해를 자행했다는 겁니다.

공관병은 공관(公館)에서 일하는 사병입니다. 공관이란 말 그대로 공적인 집입니다. 군인들은 국가의 안전 보장을 위한 특별한 임무를 수행해야 하기에 밤낮이 따로 있을 수 없습니다. 군부대 또한 안보 취약 지역인 휴전선 인근에 집중되어 있습니다. 인구가 많은 도시의 주택가 지역이 아니라, 격오지(내륙 깊숙한 외진 지역)에 군부대가 있는 까닭은 휴전선 인근이나 군사 작전상 필요한 지역에 주둔해야 하기 때문입니다. 직업 군인들은 밤낮 없는 경계와 작전에 대응해야 하기에, 부대 안이나 바로 옆 관사(館舍)에서 사는 경우가 많습니다. 관사 중에도 지휘관처럼 특별히 직급이 높은 군인들이 사용하는 집을 공관(公館)이라고 부릅니다. 사단이라면 사단장이 사는 집, 이번처럼 군 사령부라면 군 사령관의 집이 바로 공관입니다. 공관이 필요한 것은 작전상 필요 등 공적인 이유이기 때문에, 공관에는 그런 업무를 맡는 군인이 배치되어 있는데, 이를 공관병으로 부르는 겁니다.

문제는 공관병이 공적인 업무가 아니라, 부대장의 사적인 허드렛일을 해 왔다는 겁니다. 국방의 의무 때문에 군대에 왔는데, 정작 하는 일은 개인 심부름인 겁니다. 젊은이들은 군대라는 특성 때문에 불편해도, 불이익을 당해도 참아 왔습니다. 하지만 이렇게 문제가 불거진 것은 참을 수 있는 한계를 크게 넘어섰기 때문입니다. 갑질이 너무 심했던 겁니다.

문제가 불거지자 국방부에서는 해당 사령관을 보직 해임했습니다. 군대가 생긴 이래 공관병에 대한 갑질 때문에 장군이 보직 해임을 당한 첫 번째 사례입니다.

그동안 고위급 장교들의 갑질은 예삿일이었습니다. 예컨대, 골프나 테니스를 잘하거나 선수로 활동하는 사람이 군에 들어오면 그 사람은

제대할 때까지 장교들과 골프 또는 테니스를 쳐 줘야 합니다. 이걸 골프병, 테니스병이라고 합니다. 바둑 잘 두는 사병이라면 바둑만 둬야 하고, 학업 성적이 좋은 사람이 들어오면 '과외병'이라고 해서 고위급 장교들의 자식 공부까지 챙겨 줘야 합니다. 좀 엽기적이지요.

'노-룩-패스(no look pass)'라는 말은 원래 농구 용어입니다. 상대 수비를 속이기 위해 다른 방향을 보는 척하면서 하는 패스, 곧 보지도 않고 하는 패스입니다. 이게 단박에 갑질 용어가 되었습니다. 한 국회의원이 공항에서 자신의 캐리어를 보지도 않고 굴렸는데, 비서가 뛰어나가 받는 장면이 언론에 포착되면서 알려졌습니다. 여러 사람들이 이 장면을 패러디했고, 해외에서도 곧바로 유명해졌습니다. 국회의원에게 여러 명의 비서를 둔 까닭은 국회의원으로서의 업무를 돕기 위한 것이지, 가방 드는 심부름이나 시키라는 것은 아닙니다. 그런데도 공항 입국장이라는 사람들이 많이 모인 곳에서도 버젓이 이런 짓을 합니다. 이런 사건들은 장군이나 국회의원 등 스스로 특권층이라 여기는 사람들의 인식을 잘 보여 줍니다. 공관병이든 비서든 그저 '아랫사람'으로만 여기는 겁니다.

이 국회의원 이야기를 좀 더 해 볼까요. 이분은 한때 여당 대표를 지내기도 했습니다. 지금이야 '노-룩-패스' 정도로 사람들의 관심을 끌지만, 2015년엔 새누리당(지금의 자유한국당) 대표였습니다. 박근혜 정권 시기였으니 기세도 등등했습니다. 이분은 당시 박근혜 정권이 추진하던 역사 교과서 국정화가 꼭 필요하다면서 이런 말을 합니다. “현행 교과서는 우리 역사를 부정적으로, 반(反) 대한민국 시각에서 쓰고 있다. 좌파적 세계관에 입각해 학생들에게 민중 혁명을 찬양한다.” 여기서 멈추지 않습니다. “학생들이 이런 교과서로 배우면서 패배감에 사로잡히고 문제를 사회 탓, 국가 탓으로 돌린다.”

이런 말은 어쩌면 우리 사회에서 성공했다는 사람들의 인식을 반영하는 것인지도 모르겠습니다. 누군가 어려움을 겪고 있다면, 그건 자기가 못나서 그런 거지, 사회가 잘못한 건 결코 아니라는 겁니다. 자기가 성공한 것은 자기가 잘해서 그렇게 된 것이고, 남들이 실패한 것은 남들이 잘못해서 그렇게 된 거라는 인식입니다. 최순실 씨의 딸 정유라 씨의 말처럼 그 능력이 오로지 부모에게 받은 것이라 해도 그것마저도 실력이라 여기는 겁니다. 그러니 어려움을 겪는 사람들은 노력이 부족해서 능력이 없어서 그렇게 된 거라 여기는 겁니다. 여러 가지 편법을 쓰더라도 군대를 기피해야 하는데 그러지 못하고 군대에 끌려온 사람들, 국회의원의 비서로 일하는 사람들은 모두 열등한 사람, 노력이나 실력이 부족한 사람이라 여기고 무시하는 겁니다.

생각도 착각도 자유이니 그리 여길 수도 있습니다. 다만, 사실까지 왜곡해서는 곤란합니다. 이 말은 사실이 아닙니다. 우리나라의 청소년이나 젊은이들은 사회 탓, 국가 탓을 많이 하지 않습니다. 거꾸로 자기 탓이 아닌데도 자기 탓이라 여기고, 국가나 공동체의 탓인데도

그렇게 여기지 않는 사람들이 너무 많습니다.

예전에 9급 공무원은 전형적인 고졸 일자리였습니다. 고졸 출신으로 5급이나 7급 공무원 시험에 합격하는 사람들도 꽤 많았습니다. 적어도 1997년 IMF 금융 위기 전까지는 그랬습니다. 경찰 공무원도 그랬습니다. 순경으로 들어오는 사람들은 대부분 고졸이었습니다. 은행원은 실업계 고등학교(상업 고등학교)를 졸업한 학생들의 차지였습니다. 누구나 성실하게 노력하면 고등학교 졸업장만으로도 공무원도 되고, 은행원도 될 수 있었습니다. 물론 지금도 고졸 학력을 가진 사람도 9급 공무원이 될 수 있습니다. 그게 전혀 불가능한 일은 아니지만 결코 흔한 일은 아닐 겁니다. 30년 전쯤 대학을 다닌 사람들은 취직 걱정을 별로 하지 않아도 되었습니다. 대학생에게는 취업 기회가 활짝 열려 있었고 대학교수의 추천장만 갖고 가면 별도의 채용 과정 없이 대기업에 취직할 수도 있었습니다. 물론 요즘과 달리 대학 진학률도 낮았고, 기업들도 덩치를 계속 키워 가던 때였습니다. 일자리가 많았던 시절, 그야말로 옛날이야기입니다.

그런데 지금은 청년 실업이 심각합니다. 고등학교는 물론 대학교를 졸업해도 취직할 곳이 별로 없습니다. 일자리 환경 자체가 달라졌고, 경쟁은 이전과 비교할 수 없을 정도로 치열해졌습니다. 이건 일자리가 필요한 청년들 잘못이 아닙니다. 그래도 많은 젊은이들은 사회 탓을 하기보다는 그 시간이면 한 글자라도 더 외우겠다며 취업 공부에만 열심입니다. 서울 노량진 등에서 '공시족'이 되어 열심히 교재를 파고 또 파며 묵묵히 공부만 합니다. 이번에 안 되면 다음엔 좀 더 노력해야겠다고 여기는 게 전부입니다. 원래 공무원은 그렇게 좋은 일자리로 평가받지는 못했습니다. 그런데 사영 기업이 일자리를 대폭 줄이고 고용은 불안정해지면서, 상대적으로 고용이 안정된 공무원으로 대거 몰리게 된 것입니다. 그러니 공적 자금 투입에다, 온갖 세금 혜택까지 이중삼중의 호사를 누리는 재벌 대기업들이 정작 일자리 만드는 것을 회피하는 작태를 비판하고, 일자리 만들기에 무능하고 의지도 없었던 정부를 비판해야 마땅한 일입니다. 일자리 부족 사태는 전적으로 국가의 책임이기 때문입니다. 국가와 사회 때문에 아무런 잘못도 없는 젊은이들은 젊음을 저당 잡히고 가능성이 낮은 구직 활동에 모든 것을 걸어야 합니다.

사실 관계가 어떤지 따져 보고 많은 사람들이 무의미하고 불필요한 고통을 당하지 않도록 돕는 게 정치의 본령일 텐데, 우리가 익히 봐왔던 것처럼 정치권에선 거꾸로 사실 자체를 왜곡하고 아픔을 덧나게 하는 못된 역할마저 서슴지 않았습니다. 이런 일은 도대체 어디서 비롯된 것일까요?

여러 가지 까닭이 있겠지만, 토론 자체가 없는 사회 분위기와 잘못을 제대로 비판하지 않는 언론의 탓이 큽니다. 사회가 발전하려면 한 가지 목소리만으로는 곤란합니다. 다양한 목소리를 함께 들을 수 있

어야 하고, 또 뭐가 맞고 틀린지를 따져볼 수 있어야 합니다. 적어도 토론만은 활발하게 진행해야 합니다. 토론이 없는 사회에서는 권력이 큰 사람, 목소리 큰 사람의 소리만 공허하게 들릴 뿐입니다. 이명박, 박근혜 정권에서 텔레비전 토론 프로그램들이 없어지거나 시청률이 낮은 일요일 새벽으로 편성을 옮기고, 그나마 방송 시간마저 반토막 내는 일들이 벌어진 것은 같은 선상에 있는 것입니다. 토론을 거부하는 사회, 토론 자체를 싫어하는 사회는 바로 젊은이들이 절망할 수밖에 없는 사회입니다.

가난한 사람에게 엄격한 우리나라 법

제가 일하고 있는 인권연대는 2015년부터 '장발장은행'을 운영하고 있습니다. 이름에서 알 수 있듯, 이 은행은 장발장 같은 분들을 위한 은행입니다. 빅토르 위고의 소설 『레미제라블』의 장발장은 조카들을 위해 빵 한 조각을 훔쳤다가 19년이나 감옥에 갇혔던 사람입니다. 죄를 지었다면 죗값을 치르는 게 맞지만, 빵 한 조각을 훔친 대가로 19년이나 갇혀 있어야 한다는 것은 너무 심한 일입니다. 그래서 장발장은 흔히 '과잉 형벌'의 대명사로도 불립니다. 우리나라에도 장발장 같은 분들이 꽤 많습니다. 벌금을 내지 못해 감옥에 가는 사람들이 바로 그런 분들입니다. 아주 큰돈도 아니고, 100만 원, 200만 원이 없어서 감옥에 가는 사람들이 1년에 5만 명 가까이 됩니다. 벌금형을 받은 분들이니 뭔가 범죄를 저지른 것은 맞지만, 벌금형을 선고받았다는 것은 감옥에 갈 만큼 큰 잘못은 아니라는 겁니다. 그런 사람들이 오로지 돈이 없다는 이유만으로 감옥에 갇혀야 한다니 답답한 일입니다. 그야말로 유전무죄, 무전유죄입니다. 벌금을 내지 못해 감옥에 가는 분들 중에는 절대 감옥에 가면 안 되는 분들도 있습니다. 이를테면 한 부모 가정의 엄마나 아빠들이 그렇습니다. 아이를 혼자 돌보는 상황에서 엄마나 아빠가 감옥에 가게 되면, 그 아이는 끔찍한 상황에 놓이게 됩니다. 장발장은행은 이런 분들에게 벌금을 빌려 드리고 있습니다. 돈은 무담보, 무이자로 빌려 드리고, 천천히 나눠서 원금만 갚으면 됩니다.

인권 단체가 은행을 운영한다는 게 선뜻 이해가 되지 않을 겁니다. 게다가 인권연대는 정부나 기업의 지원을 사양하고 있으니까요. 단체도 오로지 회원들의 참여만으로 운영하는데, 은행 운영이 가당키나 했겠습니까.

우리의 관심은 벌금 제도를 바로잡는 것이었어요. 너무 많은 사람이 돈이 없다는 이유로 감옥에 갇히는 건 비정상이잖아요. 몇 가지 고민을 했습니다. 징역형에도 3년까지는 집행 유예가 있는데, 왜 훨씬 가벼운 형벌인 벌금형에는 집행 유예가 없을까? 벌금은 왜 한 달

장발장
Jean Valjean Bank

장발장은행 소개　벌금제란?　대출신청　알림

소개　운영 책임　운영 방식　참여방법

돈 없는 은행이 문을 열었습니다.
돈을 갖고 있는 은행이고자 하지도 않습니다.
이자놀이를 하는 은행은 더욱 아닙니다.
문턱은 없지만 아무나에게 돈을 꿔줄 수 있는 은행도 아닙니다.

장발장들만이
빌릴 수 있는 **장발장은행**입니다.

후원 계좌 : 하나은행 388-910009-34004 (장발장은행)

가령, 교통사고로 벌금형을
선고 받은 가장이 있습니다.
벌금액은 200만원 입니다
그 돈이 사소할 수도 있지만
감당하기 어려운 액수일
수도 있습니다. 한달 안에
그 돈을 마련하지 못한다면
교도소에 가야 합니다.
그렇게 수감되는 사람이
한해 4만명이 넘는다고
합니다 (2009년 기준)
'가난이 죄'라는 표현이
이렇게 실감날수 없습니다.
그런 분들을 위한 무이자대출
은행 – 장발장은행이 막
생겼습니다. 시민기부가
재원입니다. 후원하고 나면
행복해 질것 같습니다.

▲ 장발장은행 홈페이지.

안에 모두 현찰로만 내야 하는가? 카드로 내면 안 되나? 형편이 어려우면 나눠서 내면 안 되나? 이런 의문을 지니고 제도를 바꾸고 싶었어요. 법무부를 쫓아다니고, 국회도 쫓아다니면서 문제 제기를 했지만, 힘 있는 사람들은 별 관심이 없었어요. 토론회도 열고 자료집을 만들어서 국회의원들에게 직접 전달하기도 했지만, 소용이 없었어요. 그렇다고 포기할 수도 없고, 무의미한 고통을 당하는 분들을 모른 척할 수도 없었어요. 그래서 능력이 부족한데도 은행을 만들었습니다. 처음에는 1000만 원만 모이면 대출을 해 줄 수 있겠다 싶었는데, 지금까지 10억 원 이상 대출할 수 있었습니다. 정부나 기업에서 돈을 받지 않는데도 다행히 지금까지 돈이 없어서 대출을 해드리지 못한 적은 없었어요. 늘 일정 수준의 잔고는 유지하고 있습니다. 일반 시민들이 십시일반으로 얼마씩 모아 준 성금으로 운영하는데도 별 탈 없이 운영하고 있습니다. 고마운 일입니다.

장발장은행의 고객들은 모두 딱한 분들입니다. 특히 젊은이들의 사연이 딱합니다. 주유소에서 알바를 하는 젊은이가 있습니다. 이제 스무 살 대학교 1학년생입니다. 가난한 집에서 태어났고, 학업을 계속하려면 한 푼이라도 벌어야 했습니다. 그래서 주유소에서 하루 12시간씩 일했습니다. 정말 성실한 젊은이입니다. 대한민국은 이렇게 열심히 일하는 젊은이들에게 고마워해야 합니다. 그런데 웬일인지 주유소 사장이 월급을 제때 주지 않았습니다. 사장에게는 큰돈이 아니겠지만, 월급을 받아 생활을 해야 하는 젊은이에게는 정말 피가 마르는 일입니다. 당장 먹을 것도 없었어요. 당연히 자기 권리를 구제받기 위해서 지방노동사무소에 진정을 했습니다. 밀린 월급을 받아야 하니 당연한 일입니다. 월급을 제때 주지 않는 것은 근로기준법 위반으로 형사처벌을 받는 범죄입니다. 그런데 범죄를 저지른 사장이 반성은커녕, 노동위원회에 도움을 청한 젊은이를 못마땅하게 여긴 겁니다. 적반하장 식으로 젊은이를 괘씸하게 본 겁니다. 그때부터 뭔가 트집 잡을 게 없나 살핀 끝에 이 젊은이가 주유소 쿠폰을 내려받는 방식으로 '삥땅'을 쳤다는 걸 알아냈습니다. 삥땅은 사실이지만, 여러 차례 삥땅을 친 금액은 모두 1만 6000원이었습니다. 배고플

때마다 1000~2000원씩을 빼다가 편의점에서 컵밥을 사 먹었던 겁니다. 사장은 이걸 꼬투리 삼아 경찰에 신고합니다. 죄목은 횡령죄였습니다.

경찰의 대응은 이럴 때 답답합니다. 범죄가 맞지만, 앞뒤 사정을 헤아려 훈방을 하면 될 텐데 이걸 정식으로 입건했고, 검찰이나 법원도 똑같았습니다. 경찰, 검찰, 법원 등 어느 기관이라도 좀 더 성의 있게 사건을 살펴봤다면, 훈방이나 기소 유예, 선고 유예 등으로 얼마든지 선처할 수 있었지만, 어떤 기관도 어떤 공무원도 그리하지 않았습니다. 결국 젊은이는 벌금 70만 원 형을 선고받았습니다. 벌금 낼 돈도 없고, 벌금을 내지 않으면 감옥에 끌려가야 하는 딱한 사정이 되었습니다. 마침 저희 장발장은행과 연이 닿았습니다. 장발장은행에서 빌려주는 돈은 무담보, 무이자이고, 1년에 걸쳐 나눠 갚으면 되기에 숨을 돌릴 수 있게 된 것입니다.

많은 분들이 장발장은행이 무담보, 무이자로 돈을 빌려주는 것을 걱정하시곤 합니다. 벌금형을 받았다고 해도 결국은 범죄를 저지른 사람들인데, 담보도 없이 빌린 돈을 갚겠냐는 것입니다. 돈을 빌려간 사람들의 도덕적 해이를 걱정하는 분들도 있고, 장발장은행이 금세 망할 거라는 분들도 있습니다. 장발장은행은 정부나 기업의 지원을 사양하고 오로지 시민들의 후원만으로 운영하는데, 화수분도 아니고 감당이 되겠냐는 겁니다. 그래서 대출을 해 주면 잘 갚느냐는 질문을 많이 합니다.

상환율이 아주 높은 건 아니지만, 그래도 꽤 많은 분들이 기일 내에 돈을 갚고 있습니다. 형편이 어려운 분들은 대출 기한을 좀 늘려드리는 방법으로 대출 상환을 유도하고 있습니다. 어려울 때 저희가 그분들의 손을 잡아드렸고, 그분들은 그때 느꼈던 온기를 잊지 않을 거라 믿는 것입니다.

인권 단체가 운영하는 은행이, 정부나 기업의 지원을 한 푼도 받지 않고도 오로지 시민들의 소액 후원에만 의존해서 이렇게 많은 돈을 만들 수 있었다는 데 대해 다들 놀라워합니다. 고맙게도 후원은 끊이지 않았고, 또 빌려 간 분들도 돈을 잘 갚아 주었기에 가능한 일이었습니다.

첫 번째 전액 상환자는 스물여섯 살 청년입니다. 어릴 때부터 공부를 잘했어요. 과학고등학교를 나왔고, 대학은 남들이 부러워하는 유명한 대학에 진학했습니다. 그렇지만 겨우 1학기만 마치고 자퇴를 할 수밖에 없었습니다. 어렵게 들어간 대학을 휴학도 아니고 자퇴까지 했던 것은 그 청년이 갑자기 가장이 되었기 때문입니다. 청년의 아버지는 3년 동안 암 투병을 하다가 돌아가셨어요. 가족이 병에 걸리면 환자만이 아니라, 가족들도 고통을 받습니다. 경제 활동을 하던 가장이 병을 얻었으니 수입이 없어집니다. 당장 먹고살기가 막막해지죠. 게다가 엄청난 병원 진료비도 감당해야 합니다. 집안 형편이 너무 힘

들어지는 건 당연한 일입니다. 게다가 남편을 3년 동안 간병했던 그의 어머니는 건강 상태도 아주 심각해졌습니다. 몇 걸음을 옮기는 것조차 힘들 정도로 건강이 악화되었답니다. 그리고 누군가의 도움이 절실한 동생도 있었습니다. 아버지가 돌아가시고 어떻게든 장례를 치렀지만, 정작 청년의 고민은 거기서부터였습니다. 그야말로 실존적인 고민이었습니다. 다니던 대학이 국립대학이라 학비도 비싸지 않았고, 과외를 하며 학업을 이어가는 것이 불가능한 일은 아니었습니다. 혼자라면 그랬을 겁니다. 그렇지만 어머니와 동생을 돌보고 집안을 챙기면서 학교를 다니는 것은 가능한 일이 아니었습니다. 어쩔 수 없이 학교를 자퇴하고 직장 생활을 시작했습니다. 고졸 학력으로 구할 수 있는 일터, 게다가 집에서 가까운 일터는 많지 않았습니다. 겨우 핸드폰 대리점에 일자리를 구할 수 있었습니다.

어느 날 택시를 탔다가 택시 기사와 다툼이 생겼습니다. 요금 시비였는데, 택시 기사가 이 청년에게 폭행을 당했다고 주장해서 일이 커졌습니다. 청년은 기사를 때리지 않았다고 주장했지만, 술을 마신 사람과 그렇지 않은 사람의 주장이 엇갈릴 때, 사람들은 술을 마시지 않은 사람의 주장에 더 귀를 기울입니다. 결과는 벌금 500만 원 형이었습니다. 당장 먹고살기도 힘든데 500만 원을 벌금으로 내야 한다니, 정말 큰일이 난 겁니다. 다른 곳에 쓰려고 모았던 돈에 주변에서 빌린 돈을 합해서 겨우 만든 돈이 350만 원이었습니다. 어떻게 해도 150만

원을 마련할 길이 없었답니다. 마침 이 청년도 장발장은행과 인연이 닿았고, 장발장은행에서 빌린 150만 원으로 감옥행을 피할 수 있었습니다. 이 청년은 정해진 기한보다 훨씬 먼저 돈을 갚았습니다.

범죄를 저지르고 범죄자가 된다는 게 아주 특별한 사람들의 이야기 같지만, 사실 범죄는 아주 가까운 곳에 있습니다. 매년 200만 명 가까운 사람들이 범죄자 혐의를 받아 수사를 받는데, 이 중에 실제로 형사처벌을 받는 사람들은 100만 명 가까이 됩니다. 이를테면 운전하는 사람들에게는 범죄가 그리 먼 이야기가 아닐 수 있습니다. 운전하다 깜빡 실수로 중앙 분리대나 가로수를 들이박았다면 어떨까요? 만약 운전자 가족이 그 소식을 들었다면 가장 먼저 어디 다친 곳이 없는지부터 묻겠지만, 국가는 다릅니다. 당장 법의 잣대부터 들이댑니다. 〈도로교통법〉 제151조에는 "차의 운전자가 업무상 필요한 주의를 게을리하거나 중대한 과실로 다른 사람의 건조물이나 그 밖의 재물을 손괴한 경우"를 처벌 대상으로 삼고 있습니다. 2년 이하의 금고나 500만 원 이하의 벌금에 처하는 범죄가 되는 겁니다.

운전이 미숙했든 잠깐 졸았든 상관없습니다. 범죄를 저지르겠다는 의지가 없어도 상관없습니다. 법은 "필요한 주의를 게을리한" 경우에도 처벌하겠다고 하니까 말입니다. 우리는 흔히 범죄라면 살인, 강도, 폭행, 절도 등을 떠올리지만, 가장 흔한 범죄는 운전과 관련한 것들입니다. 전체 범죄의 60퍼센트 정도가 이런 범죄들입니다.

부산에서 포장마차를 하는 분도 장발장은행의 문을 두드렸습니다. 40대 여성인데 암 투병 중인 오빠 식구들의 생계까지 챙기면서 열심히 사는 분입니다. 오빠 식구들까지 모두 여섯 명의 생계를 책임지느라 밤낮없이 일했습니다. 그야말로 안간힘을 쓰며 버티듯 살았던 겁니다. 그런데 포장마차를 하는 것은 어쩌면 범죄를 저지를 가능성이 높은 일이기도 합니다. 먹을거리를 제대로 관리하지 못하면 식품위생법 위반으로 걸리기 마련이고, 오·폐수 관리를 잘못하면 하천관리법 위반이 되기도 합니다. 때마다 단속이 나왔고, 그때마다 벌금을 냈습니다. 처음에는 50만 원이었지만, 그 다음에는 70만 원, 100만 원, 200만 원으로 벌금 액수는 점점 커져만 갔습니다. 전과가 쌓이는 만큼 벌금 액수도 늘어났습니다. 그렇다고 유일한 생계 수단인 포장마차를 포기할 수는 없었습니다. 전형적인 생계형 범죄였습니다. 이 분에게도 대출을 해드렸지만, 답답함은 사라지지 않았습니다.

물론 잘못을 저지르면 벌을 받아야 합니다. 그러나 큰 잘못이 아니라면, 그 벌이 꼭 형사처벌일 까닭은 없습니다. 형사처벌의 하나인 벌금은 단지 돈만 빼앗는 것이 아니라, 돈을 내지 못하면 감옥에 보내기 때문에 너무 가혹할 수 있습니다. 범죄라면 '특별히 해로운 행위'라는 조건을 충족해야 하는데, 그렇지 않다면 형사처벌이 아닌, 과태료 등 행정벌로 처벌하는 게 맞습니다. 하지만 공무원들의 징수 편의 때문에 국가는 과태료보다 벌금을 더 좋아합니다. 돈을 내지 않으면 꼼짝없이 감옥에 끌려가야 하기에, 과태료보다는 벌금이 납부율이 훨씬 높기 때문입니다. 그래서 매년 5만 명 가까운 사람들이 벌금을 내지 못해 감옥에 가는 끔찍한 사태가 빚어지는 겁니다.

식당에서 음식을 먹고도 돈을 내지 않는 '무전취식(無錢取食)'은 보통 사기죄로 처벌받습니다. 사기죄가 성립하려면 상대를 속이려는 의도가 중요하지만, 실제 사건에서 의도가 중요한 것은 아닙니다. 의도야 속내이기에 누구도 쉽게 알 수 없지만, 음식을 먹고도 돈을 내지 않는다면 애초부터 돈을 낼 의도가 없었다고 간주하는 것입니다. 돈을 빌린 사람이 갚지 못해도 같은 취급을 받습니다. 결국 음식 값이든 빌린 돈이든, 돈을 내지 못해서 형사처벌을 받고, 결국 감옥까지 가는 일이 반복되고 있습니다.

자본주의 사회이기에 가난한 사람도 있고, 부자도 있기 마련입니다. 그런데 벌금형은 부자에게는 별다른 고통을 주지 않지만, 가난한 사람에게는 감옥행을 의미하기에, 공평하지 않습니다. 죗값을 치르는 것도 공평해야 합니다.

대한민국의 빛과 그림자

이젠 낯설지 않지만, '헬조선'이란 말을 처음 들었을 때는 거부감

자본주의 사회이기에 가난한 사람도 있고, 부자도 있기 마련입니다. 그런데 벌금형은 부자에게는 별다른 고통을 주지 않지만, 가난한 사람에게는 감옥행을 의미하기에, 공평하지 않습니다. 죗값을 치르는 것도 공평해야 합니다.

이 들었습니다. 한국 상황이 지옥 같다는 평가도 싫었지만, 한국을 굳이 '조선'이라고 비하하는 것도 싫었습니다. 하지만 이젠 한국이 살기 힘든 나라이며 올바르지 못한 일도 많다는 뜻의 이 말도 겸허하게 받아들여야 할 것 같습니다. 헬조선이 아니라고 말할 근거가 많지 않기 때문입니다.

어린이, 청소년, 청년부터 어르신들에 이르기까지 세대를 가리지 않고 많은 사람이 불안한 미래 때문에 신음하고 있습니다. 한쪽에선 온갖 부패와 비리, 갑질이 횡행하고 있습니다. 국가가 헌법 전문에 국가 목표로 설정해 둔 우리들의 안전, 자유, 행복이 일상적으로 위협당하는 상황에 대한 안타까움이나 냉소가 헬조선이란 말에 배어 있는 것 같습니다. 한 사회가 전적으로 지옥일 수는 없겠지만, 헬조선이란 말은 우리에게 돌아보고 살펴봐야 할 대목이 적지 않다는 것을 알려 주고 있습니다.

어떤 사회든 빛과 그림자가 함께 있기 마련입니다. 한국에서 자랑스러워할 만한 것을 꼽는다면, 빛에 해당하는 것은 어떤 것들이 있을까요? 제가 강의 준비를 하면서 포털 사이트 네이버에서 '자랑스러운 대한민국'이란 말을 검색해 보았습니다. 유감스럽게도 찾아볼 게 많지는 않았습니다. 어떤 학생은 "학교에서 '자랑스러운 대한민국'으로 글쓰기를 하라는데, 도대체 자랑스러워할 게 있나요?"라고 묻기도 했습니다. 그래도 꾹 참고 인터넷 곳곳을 뒤져서 찾아보았습니다.

사실 자랑스러운 게 제법 있습니다. 제일 먼저 손에 꼽는다면, 아마 산업화와 민주화에 동시에 성공한 나라라는 평가일 겁니다. 경제 분야만 봐도 정말 눈부신 성장을 했습니다. 1인당 GDP는 3만 달러를 넘었고, 수출도 제법 큰 폭으로 늘어나고 있습니다. 먹고살 만해졌습니다. '보릿고개'라는 말은 한참을 설명해야만 무슨 뜻인지 알 수 있는 옛날 말이 되었습니다. 국가가 기초생활보장법을 통해 기본적인 삶을 지탱시켜 주기도 합니다. 고마운 것은 어린이 노동이 완전히 사라졌다는 겁니다. 국가와 사회의 보호를 받으며 자라나야 할 어린이들이 각종 노동에 시달리는 것은 이젠 완전히 남의 일이 되었습니다. 여전히 적지 않은 가난한 나라에선 어린이들이 학교에도 다니지 못하고 새벽부터 늦은 밤까지 오로지 몇 푼 안 되는 돈을 벌기 위해 노동을 강요당하고 있습니다. 심지어 어린이를 전쟁에 동원하기도 합니다. 그렇지만 한국에서는 어린이에게 일을 시키면 안 된다, 어린이가 우리의 미래인 만큼, 무상 교육과 무상 급식으로 도와주면서 내일을 가꿀 기회를 주어야 한다는 국민적·국가적 합의가 있습니다. 이건 명백한 성취입니다.

민주화를 성취한 것도 자랑스러운 일입니다. 대한민국의 역사는 민중의 역동적 진출을 통해 발전하고 변화되어 왔습니다. 3·1 혁명, 4·19 혁명, 5월 광주 항쟁, 6·10 민주 항쟁과 2008년 촛불 집회 그리고 2017년 촛불 혁명은 그야말로 세계에 자랑할 만한 역사입니다. 우리는 현장에서 그 역사를 직접 체험했기에, 오히려 그 감동이 덜 할 수도 있습니다. 그렇지만 외부에서 볼 때는 다들 너무도 놀라운 역사라고들 합니다. 어떤 미국 외교관은 "민주주의란 것이 한국에서는 너무 쉬운 것처럼 보인다"고 찬사를 보내기도 합니다. 시민들의 저항은 세계 곳곳에서 있기 마련이지만, 실제로 정치권력을 쫓아낸 사례는 거의 없습니다. 게다가 수백만 명이 운집했는데도 매번, 그 누구도 체포되지도 다치지도 않은 채 평화적으로 집회·시위를 진행했다는 것을 외국 사람들은 믿을 수 없다며 감탄합니다. 그래서 흔히 한국을 민주화와 산업화를 동시에 이룬 나라라고들 합니다. 맞습니다. 이런 점은 우리가 자부심을 가질 만합니다. 세계에서 한국과 같은 성취를 이룬 나라는 쉽게 찾을 수 없습니다.

문제는 그림자입니다. 빛도 중요하지만, 우리에겐 어쩌면 그림자가 더 중요합니다. 우리에게 무슨 문제가 있는지, 사람들이 한국을 지옥처럼 여긴다면 그 까닭이 무엇인지를 제대로 살펴야 문제를 해결할 단서도 찾고, 우리의 앞날도 가늠해 볼 수 있기 때문입니다.

가장 먼저 살펴보고 싶은 건 목숨에 대한 것입니다. 목숨이 가장 중요하다는 것이야 강조할 필요도 없지만, 목숨으로 살펴본 한국의 인권 현실은 참담할 지경입니다. 가장 심각한 것은 자살입니다. 자살로 죽는 사람들이 너무 많습니다.

보통의 나라에서 스무 살이 되기 전에 사람이 죽는다면, 그건 대부

분 사고 때문입니다. 어린이, 청소년 사망 원인 1위는 그래서 언제나 사고입니다. 그렇지만 우리나라는 태어나서 10년 동안의 사망 원인 1위는 다른 나라처럼 사고가 맞지만, 그 다음 10년, 곧 10대 사망 원인 1위는 사고가 아니라 자살입니다. 이런 나라는 세상에 한국밖에 없습니다. 매년 10대 사망 원인 1위는 자살입니다. 그런데 지난 2014년에는 10대 사망 원인 1위가 자살이 아니라, 사고였습니다. 이제 드디어 보통 국가가 된 것일까요? 아닙니다. 세월호 참사로 너무 많은 10대가 죽어서, 잠시 1위 자리를 내준 것일 뿐입니다. 너무 슬프죠. 그 다음해인 2015년엔 다시 자살이 청소년 사망 원인 1위가 되었습니다.

20대 사망 원인 1위도 자살입니다. 20대 사망자의 53퍼센트가 자살자일 정도로 자살이 많습니다. 20대가 죽는다면, 둘 중의 하나 이상이 자살이라는 이 끔찍한 사실은 자살이 지금 당장만의 문제가 아니라, 우리의 미래까지 해치고 있다는 것을 보여 줍니다. 30대 사망 원인 1위도 자살입니다. 40대가 되어서야 사망 원인 1위가 자살이 아닌 암이 됩니다. 그래서 어떤 젊은이는 이렇게 냉소하더군요. "못 견디면 자살, 견디면 암." 우리나라 자살률은 OECD(경제협력개발기구) 평균의 두 배가 넘습니다.

어르신들은 어떨까요? 노인들의 사망 원인 1위가 자살일 리는 없습니다만, 다른 어떤 나라에 비해서도 자살률이 높습니다. 역시 세계 최고의 자살률입니다. 한국의 노인 자살률은 OECD 평균의 3.5배나 됩니다. 나이를 먹으면 어지간한 감정 조절도 어렵지 않을 것 같고, 희노애락의 감정에서도 조금은 더 자유로울 것 같은데도 이렇습니다. 끔찍한 현실입니다.

자살은 보통은 감수성이 예민하고 좀 더 여린 사람의 선택으로 알려져 있지만, 한국에서는 남성 자살률이 여성보다 2배 이상 높습니다. 아마도 가부장적 사회의 특성이 영향을 끼친 것 같습니다. 자살률이 높다는 것은 그만큼 살기 어렵다는 가장 확실한 방증입니다.

출산율도 심각합니다. 한국이 세계 꼴찌입니다. 홍콩이나 마카오가 한국보다 출산율이 낮다고 하지만, 그건 온당한 비교가 아닙니다. 인구도 적은 하나의 도시와 한국을 평면적으로 비교할 수는 없으니까요. 그런 도시를 제외한다면, 일정한 규모의 나라들 중에서는 한국의 출산율이 제일 낮습니다. 왜 출산율이 낮을까요? 그건 아이 키우는 게 너무 힘들기 때문입니다. 자살률과 출산율만 보면, 한국은 세계에서 가장 살기 힘든 나라, 가장 아이 키우기 힘든 나라라는 겁니다. 이런 명확한 증거 앞에서 그건 아니라고 말할 근거도 자신도 없습니다.

먹고사는 문제도 심각합니다. 돈을 벌어서 생계를 유지하기 위해서는 노동을 해야 합니다. 노동은 단지 생계 수단만은 아닙니다. 자기를 표현하고 자기를 실현하기 위한 수단이기도 합니다. 하지만, 한국의 노동 현실은 비참합니다. 일단 노동 시간이 너무 깁니다. 한국

은 세계에서 노동 시간이 두 번째로 긴 나라입니다. 한국 노동자들의 1년간 평균 노동 시간은 독일 노동자들의 1년 4개월 노동 시간에 해당합니다.

한국의 노동 시간이 세계에서 멕시코 다음으로 가장 긴 까닭은 노동자의 목소리가 작고 노동자의 인권이 제대로 보장되지 않기 때문입니다. 바로 노동조합이 활성화되어 있지 않고, 노동조합의 영향력도 크지 않기 때문입니다. 실제로 한국은 노동조합 가입비율(조직률)이 가장 낮은 나라입니다. 대략 10퍼센트 정도에 불과한데, 북유럽의 노조 조직률이 90퍼센트에 이른다는 사실을 감안하면 충격적인 수치입니다. 노동조합은 노동자의 노동 조건 개선을 위해 활동합니다. 그런데 조직률이 낮으니, 그만큼 노동 조건 개선을 위한 활동은 미약하기 짝이 없는 겁니다. 그러니 최저 임금 생활자가 가장 많고, 평균 근속 연수는 가장 짧으며, 산업 재해 사망률은 세계 최고 수준인 것입니다.

일자리 자체가 적고, 노동 환경도 나쁘니, 먹고살기 위해 장사를 하는 사람도 많습니다. 그런데 한국은 자영업자의 평균 소득이 노동자의 64퍼센트에 불과합니다. '사장님'이 '노동자'보다 훨씬 적게 번다는 겁니다. 경쟁은 치열하고 생존은 어렵기만 합니다. 한국은 OECD에서 창업 기업 생존율이 가장 낮은 나라이기도 합니다.

이런 이야기는 끝도 없이 이어갈 수 있습니다. 한국 사람들은 잠도 적게 잡니다. 이것도 세계 1위입니다. 프랑스랑 비교하면 매일 성인은 1시간 30분, 어린이와 청소년은 1시간 50분씩 덜 잡니다. 잠도 줄여야 할 만큼 일도 많고 공부도 많이 해야 하기 때문입니다. 잠을 충분하게 잘 수 없으니, 늘 피곤하고 피로가 쌓일 수밖에 없습니다. 예민해지기 쉽고, 혈압도 많이 오릅니다. 우울감이 커지는 것도 물론이고요. 가장 좋은 보약은 잠입니다.

가장 늙은 나이까지 일해야 하는 나라도 한국입니다. 한국 사람들은 평균적으로 71세까지 일을 해야 합니다. 가장 늙은 나이까지 일하는데도 노인 빈곤율은 세계에서 가장 높습니다. 66~75세까지의 빈곤율은 42.7퍼센트, 76세 이상의 빈곤율은 60.2퍼센트입니다. 비교 대상인 OECD 가입국 평균에 비해 4배 이상 빈곤율이 높습니다. 국민연금이 노후를 제대로 보장해 주지 못하는 형편이고, 공무원, 교사, 군인처럼 연금 제도가 잘 되어 있어도 안심할 수는 없습니다. 퇴직한 다음에도 돈이 들어갈 구석이 너무 많기 때문입니다. 병원비도 많이 들고, 자식들 뒤치다꺼리도 많습니다. 그러니 편히 여생을 보낼 수 없습니다.

성평등 지수는 낙제 수준입니다. 여성의 사회적 진출은 여전히 봉쇄되어 있습니다. 서울시를 비롯한 광역 자치 단체장에는 한 번도 여성이 임명되거나 당선된 적이 없었습니다. 핏줄에 따라 승계되는 재벌 총수 자리는 물론이고, 대통령이 임명하는 대법원장, 검찰총장,

경찰청장 등 힘 있는 자리들은 모두 온통 남성들만 독차지하고 있습니다.

한국에서 살기 위해서는 이런저런 힘든 일을 너무 많이 겪어야 합니다. 그래서일까요? OECD 가입국 시민들을 대상으로 "힘들 때 기댈 사람이 있나?" 하고 물었더니, "없다"고 응답한 사람이 한국에 가장 많았습니다. '이웃사촌'이란 말처럼 이웃과 가족처럼 지내고, 정도 많다는 게 우리 스스로의 평가였습니다. 그런데 결과는 정반대입니다. 힘들어도 기댈 사람이 없다는 응답이 제일 높게 나온 것은, 한국 사회가 그만큼 파편화되고, 개인 사이의 연대망이 붕괴되어 버렸다는 것을 알려 줍니다.

부모 등 윗세대들이 자녀들에게 꼭 잊지 말라고 강조하는 말 중에 이런 말이 있습니다. "절대로 가족, 친지, 친구들과 ○○하지 말아야 한다." 이때, ○○안에 들어갈 말은 뭘까요? 마약하지 마라, 과음하지 마라, 폐를 끼치지 말라는 등, 많은 말이 떠오를 수 있겠네요. 여러분도 이미 아시듯, 그건 절대 돈 빌려주지 말라는 겁니다. 가까운 주변 사람들이 경제적으로 어려움에 처해 있고, 그 때문에 당신에게 돈을 빌려 달라고 하면, 모른 척하라는 말을 마치 금과옥조처럼 후속세대에게 가르치고 있습니다. 주변 사람들이 어려움에 처해 있을 때 내가 그 사람들을 도와주지 않고 외면하면, 마찬가지로 다른 사람들도 내가 어려움에 처할 때, 외면할 겁니다. 아직 경제 활동도 하지 않아서 돈을 빌려 줄 형편이 아닌데도, 이런 말을 가르치고 배우는 것은 참으로 답답한 일입니다.

장발장은행을 운영하면서 그런 분들을 참 많이 만나고 있습니다. 단 돈 100만 원이 없어서 감옥에 가야 하는 사람들. 그들에게도 가족도 있고, 친구나 동창, 이웃도 있을 텐데, 자기에게 돈이 없다면 주변에서 100만 원을 빌리지도 못할까 싶지만, 실제로 일자리가 없고 일상적으로 가난하게 산다면 주변과의 관계도 모두 틀어져 버립니다.

앞서 말씀드렸던 공부 잘하는 젊은이만 해도 그렇습니다. 좋은 고등학교를 나왔고, 좋은 대학에 진학을 하기도 했으니, 동창 중에는 부잣집 친구들도 꽤 많을 겁니다. 그런데도 150만 원을 구하지 못하냐고 여기시는 분들도 있겠지만, 실제로 그렇습니다. 형편이 어려워지면 관계부터 어긋나기 시작합니다.

한국 사람들에게는 이렇게 행복하지 못할 까닭이 너무 많습니다. 그래서일까요. 해마다 갤럽이라는 여론 조사 회사가 세계 143개국 시민들을 대상으로 얼마나 행복한지 묻는 여론 조사를 합니다. 이 결과도 참담합니다. 한국은 118등을 했는데, 팔레스타인, 가봉, 아르메니아와 동률이었습니다. 나라 대부분을 이스라엘에 빼앗기고, 삶의 터전을 잃어버린 것은 물론, 일상적인 탄압에 신음하는 팔레스타인이 바로 우리 수준이랍니다.

너무 우울한 이야기만 했습니다. 그래도 어쩔 수 없는 건, 이게 현

실이라는 겁니다. 현실을 제대로 들여다봐야 바로잡을 근거도 마련할 수 있습니다. 한국 사회의 여러 문제점들을 어떻게 하면 좋을까요? 어떻게 해야 많은 사람들의 고통을 줄여 나갈 수 있을까요?

저는 그 답을 바로 인권에서 찾았습니다.

인권 지수를 높이자

인권은 인류의 가장 위대한 발명품입니다. 이렇게 사는 건 너무 힘들다, 이런 고통스러운 삶에서 벗어나야 한다는 열망이 인권이란 개념을 만들어 냈습니다. 물론 인권이 프랑스 대혁명이 있었던 1789년의 어느 날 프랑스 파리에서 갑자기 탄생한 개념은 아닙니다. 그즈음 프랑스 등지에서 활동하던 계몽주의 철학자들의 노고도 잊으면 안 되지만, 그렇게 단박에 나온 개념은 아닙니다.

아마 인권이란 개념은 인류의 역사 내내 발전해 왔을 겁니다. 고통에서 벗어나고 싶다는 건, 인간의 본능이기도 하니까요. 인류는 좀 더 행복한 삶, 당장의 고통에서 벗어날 수 있는 방안을 찾기 위해 내내 노력해 왔습니다.

사실 인권이 그리 복잡하거나 어려운 것은 아닙니다. 인권을 근대적 개념으로만 이해한다면, 18세기 이후의 여러 복잡한 논의들을 따라가야 할지도 모르지만, 무의미하고도 불필요한 고통을 줄인다거나, 조금이라도 더 행복하게 살고 싶다는 인권의 기본에 충실하면 그리 어렵지 않을 수 있습니다.

경전의 자리에 오른 보편적 가르침(종교, 宗敎)도 다르지 않습니다. 언젠가 자공(子貢)이란 제자가 공자(孔子)에게 '평생 동안 실천할 만한 한 가지 말씀'이 있냐고 물었습니다. 공자의 대답입니다.

"서(恕)이다. 자신이 원하는 바가 아니면 남에게도 행하지 말라."(『논어』 위령공 편)

"其恕乎! 己所不欲 勿施於人." 論語 衛靈公

서(恕)는 관용을 베풀다, 인자하다, 용서하다, 배려하다 등의 뜻을 가진 말입니다. 곧 연민하는 마음이기도 합니다. 남의 처지에서 생각해 본다는 뜻이지요. 공자의 가르침에 따르면, 평생 동안 게으름 없이 실천해야 할 단 한 가지 덕목이 바로 자신이 원하는 바가 아니면 남에게도 행하지 말라는 것입니다. 이를 보고, 황금률이라고 합니다. 다른 종교에도 똑같은 황금률이 있습니다.

성서에는 "남이 너희에게 해 주기를 바라는 그대로 너희도 남에게 해 주어라. 이것이 율법과 예언서의 정신이다."(마태오, 7장 12절)이란 말씀이 있습니다. 이 말씀이 적힌 구절의 제목은 바로 '황금률'입니

다. 예수 당시는 율법과 예언서가 모든 것의 기준이고 그야말로 황금률이었습니다.

이 황금률이 바로 인권의 출발입니다. 내가 싫은 것은 남에게 행하지 않고, 남에게는 내가 해 주기를 바라는 대로 해 주라는 것은, 그래야만 사람들이 보다 행복해지고, 또 고통도 줄여 나갈 수 있기 때문입니다.

이런 종교적 황금률과 오랜 세월 동안 쌓인 지혜가 19세기 들어 인권이라는 단어로 집약된 것입니다. 누구나 어떤 자격 조건도 없이 어떤 전제도 없이 사람이기에 당연히 누려야 할 권리가 있고, 이 권리, 곧 인권은 언제 어디서나 보장받아야 한다는 인권의 원칙을 마련해 왔습니다. 인권의 원칙이 고단한 현실을 타개할 좋은 방도라고 여겼던 것입니다.

아무리 중요한 원칙이어도 현실적 규범력이 없으면, 고상한 가르침에만 머물 수 있습니다. 그래서 인권을 실질화하기 위해 인권에도 법률적 근거가 필요했고, 현대 국가들은 인권의 원칙을 헌법에 못 박아 둔 것입니다.

헌법은 시민들의 삶의 원리를 규정한 최고위 규범임에도 불구하고, 왜곡된 헌정사 때문에, 기껏해야 대통령 임기에 대한 규정 정도로만 여겨지곤 합니다. 이승만, 박정희, 전두환 등의 독재자들이 집권 또는 집권 연장을 위해 자기 입맛대로 개헌을 반복했기 때문입니

대한민국헌법

전 문

유구한 역사와 전통에 빛나는 우리들 대한 국민은 기미 3.1운동으로 대한민국을 건립하여 세계에 선포한 위대한 독립정신을 계승하여 이제 민주독립국가를 재건함에 있어서 정의 인도와 동포애로써 민족의 단결을 공고히 하며 모든 사회적 폐습을 타파하고 민주주의 제 제도를 수립하여 정치.경제.사회.문화의 모든 영역에 있어서 각인의 기회를 균등히 하고 능력을 최고도로 발휘케 하며 각인의 책임과 의무를 완수케 하여 안으로는 국민 생활의 균등한 향상을 기하고 밖으로는 항구적인 국제 평화의 유지에 노력하여 우리들과 우리들의 자손의 안전과 자유와 행복을 영원히 확보 할 것을 결의 하고 우리들의 정당 또 자유로히 선거된 대표로써 구성된 국회에서 단기4281년 7월 12일 이 헌법을 제정 한다.

단기4281년 7월 12일

대한민국 국회의장 이 승 만

▲ 1948년 헌법 제정 당시의 대한민국헌법(大韓民國憲法)을 엮은 책. 제헌헌법은 7월 12일에 제정되어 7월 17일 공포되었다. © 대한민국역사박물관

다. 그래서 많은 시민들은 여전히 헌법이란 말을 들으면, 당연한 것처럼 권력 구조에 대한 이야기, 곧 남의 이야기로만 여기고 있습니다. 그래서 헌법을 실질화, 일상화하는 작업이 꼭 필요합니다.

대한민국 헌법 제32조의 규정처럼 노동 조건(헌법에서는 '근로 조건'이라는 표현을 쓰고 있습니다)은 인간의 존엄성을 보장할 수 있는 것이어야 합니다. 그렇다면 장시간 노동이나, 너무 낮은 임금 등은 헌법의 원칙을 훼손하고 위반하는 일입니다. 한국은 일상적으로 헌법이 유린되고 있는 나라입니다. 헌법의 원칙을 잘 지키고 헌법이 개인의 인권을 제대로 보장하기 위한 중요한 수단이 되기 위해서는 국가의 노력이 절실하지만, 그 이전에 인권의 필요를 절실하게 느낀 시민들의 각성과 요구도 매우 중요합니다. 장시간 노동이 헌법 위반이라는 사실을 알고 이해하는 시민이 많아지면, 그만큼 노동 조건과 관련한 인권 상황이 나아질 가능성도 높아집니다.

여러분은 존경하는 사람이 있습니까? 한국 사람들에게 존경하는 사람을 물으면, 대개 두 가지 유형으로 답합니다. 하나는 위인전에 나오는 분들입니다. 세종대왕, 이순신 장군, 안창호 선생 같은 분들이죠. 당연합니다. 존경받을 만한 삶을 사셨으니, 세월이 지나도 그 분들의 뛰어난 면모는 당연히 평가를 받아야 합니다. 다른 한 가지 유형은 부모님입니다. 이것도 역시 당연합니다. 부모님이 자신을 어떻게 키웠고 자신을 위해 얼마나 많은 것을 내어 주셨는지 알고 있으니, 당연한 일입니다.

그러면, 나 자신은 어떨까요? 나 자신은 존경, 또는 존중의 대상이 될 수 없을까요? 영어로 하면, 'respect'를 'self'로 하는 겁니다. 'self-respect'는 우리말로 자기 존중, 자존심, 자부심, 자긍심 같은 말로 번역할 수 있습니다.

앞서 종교적 황금률에서도 살펴보았지만, 남을 존중하기 위한 전제는 바로 나 자신을 존중하는 것입니다. 무엇보다 나를 생각하는 마음이 없으면, 인권의 출발점에 제대로 서 있을 수 없습니다.

이런 말씀을 드리면, 어떤 분들은 "너는 왜 너만 생각하느냐"고 핀잔을 주기도 합니다. 그런 말을 들으면 위축되기도 합니다. 그렇지만, 이렇게 생각하면 어떨까요? 곰곰이 생각해 보면, 나 자신이 아니면, 나를 생각해 줄 사람이 없잖아요. 그건 이기적인 게 아니라, 기본적인 겁니다. 솔직히 나 하나 생각하고 챙기기도 힘이 벅찰 때가 많습니다. 그리고 내가 아닌, 남을 생각하더라도 마찬가지입니다. 자기도 생각하지 않는 사람이 남을 생각할 까닭이 없습니다. 어쩌면 불가능한 일입니다.

자기 존중이야말로 자신이 세상에 존재하는 가장 절실한 근거이기도 합니다. 흔히 교육학자들은 교육의 목표가 '자존감 형성'에 있다고들 합니다. 스스로 존중받을 만한 존재라는 것을 깨달을 수 있도록 돕는 활동이 바로 교육이라는 겁니다. 입시 준비를 위해 영어나 수학

공부만 열심히 하는 게 교육 활동의 전부라 여기는 한국적 현실과는 너무 동떨어진 말이지만, 따지고 보면, 자기 존중이 없는 공부가 무슨 쓸모가 있겠습니까.

맞습니다. 자기를 존중하고 아끼는 것도 배워야 하고, 또 부지런히 실천해야만 가능한 일입니다. 누군가를 사랑하기 위해서는 연습이 필요하듯, 자기 자신을 사랑하는 것도 연습이 필요합니다.

인권이란 자기 자신을 믿고 긍정하고 사랑하기 위한 도구이기도 합니다. 세상에는 구조가 있기에, 자기만 열심히 한다고 모든 문제를 풀 수 있는 것은 결코 아닙니다. 자존감만으로 살 수 있을 정도로 세상이 호락호락한 것도 아닙니다. 구조를 몰라서가 아니라, 사는 게 어려울수록 나 자신이라도 온전히 지키기 위한 노력을 계속해야 한다는 겁니다. 나부터 제대로 지킬 수 있어야, 내 가족과 이웃, 공동체도 지킬 수 있습니다. 이게 헬조선을 살아가는 우리에게는 핵심적, 어쩌면 사활적 관건이 될 것입니다.

다시 한 번 말씀드립니다만, 나 자신을 존중하고 사랑하는 것은 이기적인 게 아니라, 기본적인 것입니다. 기본을 갖춰야 그 다음으로 나아갈 수도 있습니다. 고맙습니다.

Q&A
참여와 격려가 동력이 된다

청중 오랫동안 인권 운동을 하셨는데요, 특별히 기억에 남는 장면이나 사건이 있으신가요?

오창익 사실 아주 특별한 장면을 이야기한다는 것은 좀 작위적일 수 있습니다. 무언가 골라야 하니까요. 물론 제가 겪은 사건들이니 제가 편집해야겠지만, 이런 질문은 늘 어렵습니다.

가장 기억에 남는 건 역시 사람 목숨에 대한 것입니다. 1990년대 후반에 김수환 추기경님의 요청으로 파키스탄 사형수 2명을 도운 적이 있습니다. 동료 파키스탄인을 살해한 혐의로 수감된 사람들이었는데, 최초의 외국인 사형수였습니다. 사건을 살펴보니, 범죄에는 연관된 것처럼 보이지만, 사형을 당할 정도로 큰 역할은 아니었던 것 같습니다. 게다가 말도 통하지 않는 외국인이 한국에서 수감 생활을 하는 게 얼마나 힘들까 생각했습니다. 이분들에 대한 석방 운동을 했고, 이분들은 나중에 사형에서 무기로 감형을 받았고, 강제 출국 형식으로 석방되어 자기 나라로 돌아갔습니다. 제가 아주 잘해서는 아니었고, 김수환 추기경님이 지속적으로 챙겨 주셨고, 마침 그맘때,

정권 교체로 김대중 정부가 출범한 게 컸습니다.

판문점 공동경비구역(JSA)에서 숨진 김훈 중위 사건을 오랫동안 추적했던 일도 기억에 남고, 베트남, 일본 등에서 탈북자들을 모시고 온 것도 기억에 남습니다. 감옥에 갇힌 분들에 대한 석방 운동을 했던 일도 기억에 남습니다.

청중 장발장은행은 은행업으로 허가를 받은 건가요?

오창익 '은행'이라는 이름을 쓰려면 은행법을 따라야 합니다. 금융위원회의 인가를 받아야 합니다. 그런데 조건 자체가 저희에겐 불가능한 일입니다. 당장 자본금만 1000억 원 되어야 합니다. 그런데 허가를 받지 않고 은행업을 하면 은행법 위반이 되고, 그러면 벌금이 무려 5000만 원이나 됩니다. 그렇지만, 저희 장발장은행은 진짜 은행은 아닙니다. 은행이라면 여수신 업무를 다 해야 하는데, 저희는 단지 돈을 빌려주기만 할 뿐이니까요. 누구도 장발장은행이 진짜 은행이라고 혼동하지 않을 테니, 법을 위반한 것도 아닙니다. 실제로 저희 말고도 유전자은행이나 연탄은행, 주빌리은행 등의 유사 명칭도 많습니다.

청중 인권 운동하면서 공권력의 피해를 본 적은 없으신가요?

오창익 저 개인이 피해를 본 건 없습니다. 물론, 소소한 피해야 있겠지만, 감옥에 갇혔던 일은 없었으니까요. 특별한 비결이 있었던 것은 아닙니다. 인권 운동하면서는 첫 번째와 두 번째로 일했던 단체가 모두 천주교 단체라 일종의 보호를 받았던 것 같습니다. 물론 특별한 불법 행위도 하지 않았습니다. 그리고 세 번째 직장인 인권연대는 공권력을 감시하는 활동을 주로 하니까, 아마 공권력 쪽에서도 표적으로 삼지 못했던 것 같습니다. 아무튼 큰 피해는 입지 않았는데, 그래서 더 죄송한 마음을 갖고 살고 있습니다. 인권 운동의 효시랄 수 있는 서준식 선생은 17년을 감옥에서 살다가 나왔고, 그 다음에도 두 번이나 감옥에 갔으니까요. 서준식 선생 같은 분에 대한 죄송한 마음이 오늘의 저를 지켜 주는 마음이기도 합니다.

청중 인권 운동을 계속 하실 수 있는 동력이랄까, 에너지는 무엇인가요?

오창익 특별한 건 없습니다. 이것도 직업이니까, 다른 사람들처럼 평범한 일상을 살려고 합니다. 그래도 뭔가 다르기는 하겠죠. 실제로 어려운 일도 적지 않고요. 그럴 때마다 힘이 되는 것은 사람들의 참여, 격려 같은 것입니다. 인권연대는 1999년 창립 이래 지금껏 정부나 기업의 지원을 사양하고 오로지 시민들의 참여로만 운영하고 있

는데, 회원이 한 명씩 늘 때마다 정말 큰 힘을 얻습니다. 그때마다, 내가 이분들의 마음을 배신하면 안 되겠다, 정말 열심히 하겠다는 생각을 합니다. 칭찬은 고래도 춤추게 한다는데, 저는 고래보다 훨씬 작은 존재니까 거의 하늘을 날아다닙니다.

청중 특히 교도소 인권에 관심을 가지는 이유가 뭔가요?

오창익 교도소는 범죄자들을 가둬 놓는 곳입니다. 물론, 억울한 피해자도 간혹 있겠지만, 대부분은 진짜로 나쁜 범죄를 저질러서 교도소에 갑니다. 그러니 우리 사회의 평화, 안녕을 깨뜨린 사람들이고, 또 남에게 피해를 입힌 사람들이기도 합니다. 어쩌면 우리가 맘 놓고 미워해도 되는 사람들일 수도 있습니다. 그렇지만, 우리가 미워할 만한 사람들이 어떤 대접을 받는가는 역설적으로 우리가 어떤 사람들인지를 보여 줍니다. 그래서 도스토옙스키를 비롯한 많은 사람들이 한 나라의 감옥이 그 나라의 품격을 보여 준다고도 했습니다.

인권 운동은 끝없이 가장 취약한 곳을 들여다봐야 하고, 거기에 있는 사람들과 연대해야만 합니다. 그래야 운동일 수 있습니다.

거기다가 실제 교도소에 갇힌 분들을 보면, 꼭 감옥에 가둬야만 했을까 싶은 분들도 꽤 많습니다. 사기죄의 대부분은 채무 불이행, 곧 빚을 갚지 못한 분들입니다. 일부러 돈을 갚지 않는 사람도 있겠지만, 대부분은 형편이 어려워, 경제적 여건이 뜻대로 안 되어서 돈을 갚을 능력이 안 되는 분들입니다. 이건 분명한 민사지만, 사기죄라는 형사로도 처벌합니다. 이렇게 처벌받는 사람이 너무도 많습니다. 돈을 꿀 수 있는 곳이 좀 더 많았더라면, 은행 문턱이 조금만 낮았더라면 절대 범죄자가 되지 않았을 사람들도 감옥에 꽤 갇혀 있습니다. 이런 분들 형편도 살펴드려야죠.

청중 국민 생활의 균등한 향상이라는 점에서 양극화 현상을 어떻게 봐야 할까요?

오창익 방금 질문한 내용은 헌법 전문에 나오는데, 제가 무척 좋아하는 대목입니다. 그렇지만 현실은 거꾸로입니다. 양극화가 너무 심합니다. 부자는 더 큰 부자가 되고, 가난한 사람은 더 힘들어지고 있습니다. 이건 균등한 향상이 아닙니다. 헌법 원칙에 맞으려면, 가난한 사람이나 중산층의 살림도 나아져야 합니다. 오늘보다는 내일이 희망이 있어야만 합니다. 이건 국가 목표이며, 국가가 존재해야 하는 까닭이기도 합니다. 국가는 국민 생활의 균등한 향상이라는 국가 목표에 맞는 경제 정책을 펼쳐야 합니다. 고르게 발전해야 하고, 소득도 고르게 분배되어야 합니다. 어떤 분들은 이런 정책이 사회주의적이라고 비판하기도 하는데, 그런 비판은 자기 뱃속만 채우겠다는 이

기적 발상에 불과합니다. 이런 이기적 발상이 공동체를 파괴하고 있습니다. 낮춰진 법인세를 정상화하고, 고소득자 소득세는 올리고, 간접세 비중은 낮춰야 합니다. 양극화를 막아야 국가가 존속할 수 있습니다. 세금 정책이나 복지 정책 모두 거기에 초점을 맞춰야 합니다.

청중 일단은 경제가 발전해야 생활이 향상되지 않을까요?

오창익 그렇게 생각할 수도 있습니다. 그러나 스리랑카 같은 나라는 경제가 발전했다고 볼 수 없는 나라인데도 무상 의료를 전면적으로 시행하고 있습니다. 경제 성장이 중요하긴 하지만, 지금 OECD에서 상당히 높은 경제 성장률을 자랑하는 나라가 바로 한국이라는 점을 생각하면, 도대체 경제 성장이 우리의 삶과 무슨 상관이 있나 싶기도 합니다. 경제 발전이라는 게 단순히 1인당 국민 소득이 올라가고, 수출이 늘어나는 것에만 멈추는 것이어선 곤란합니다. 지금 경제는 옛날 연탄 때던 집의 아랫목과 윗목 같습니다. 아랫목은 펄펄 끓는데, 윗목에선 얼음이 어는 정도로 양극화 현상이 심합니다. 골고루 따뜻해야만 합니다. 이건 우리들 삶과 직결된 아주 중요한 문제입니다. 그래서 양보할 수 없는 문제이기도 합니다.

정부 수립 이래 1979년 오일 쇼크 때와 1997년 IMF 금융 위기 때를 제외하고 한국 경제는 언제나 성장을 거듭해 왔습니다. 그렇지만, 경제 성장에 맞게 삶의 질이 좋아진 것은 아닙니다. 그뿐만 아니라, 불안한 미래 때문에 고통 받는 사람도 많고, 청년들은 일자리를 구하지 못해서 몸살을 앓고 있습니다. 단지 경제 성장만이 능사가 아닙니다.

청중 근로 기준법도 그렇고 우리나라 노동 관련 법이 대기업 노동자들에게만 혜택을 준다는 비판에 대해 어떻게 생각하세요?

오창익 대기업 노동자들이 어떤 특별한 혜택을 받는지는 모르겠지만, 중소기업에 비해 상대적으로 높은 임금을 받고, 노동 조건도 좋은 것은 사실입니다. 그 까닭은 바로 대기업의 노동조합 조직률이 높기 때문입니다. 노동조합이 있는 사업장은 반드시 노동 조건이 좋아집니다. 노동조합 조직률이 세계적으로 가장 높은 나라들이 바로 북유럽의 복지 국가들입니다. 남들이 부러워하는 북유럽의 복지 정책이 바로 노동조합의 현실적인 힘에서 나왔습니다.

아주 옛날에는 노동조합에 가입하는 것을 처벌하는 법률이 있었다면, 지금은 노동조합에 가입하는 걸 방해하면 처벌하는 법률이 있습니다. 그렇지만, 법률이 실제 노동 환경을 통제하지는 못하고 있습니다. 일단, 노동조합에 대한 인식이 너무 나쁩니다. 노동조합 활동을 색안경을 끼고 보는 사람도 너무 많습니다.

노동조합에 가입하는 노동자들이 늘어나면, 그만큼 노동 조건이

향상될 수 있습니다. 아주 중요한 관건입니다.

인권 문제가 모두 이런 식입니다. 인권 문제가 중요하다고 여기고, 참여하는 시민들이 많아지면 반드시 인권 상황이 좋아집니다. 그렇지 않다면 나빠지는 것이고요. 샘이나 우물은 모두 목마른 사람들이 팠을 것입니다. 인권이 필요한 사람들이, 사람답게 살기 바라는 시민들이, 그 염원만큼 세상을 바꾸는 것입니다.

인권특강 4강

고전과 영화로 배우는 인권 이야기

박흥식(영화감독)

박흥식

영화의 각본을 쓰고 연출을 한다. 이야기가 학문이 되어야 한다는 생각으로 공부도 하고 공부한 것을 나누는 일도 한다. 인권연대와 연을 맺게 되면서 인권을 이야기로 만들어 공감하게 하는 일에 대한 고민을 더 하고 있다. 단편 영화 〈꿈을 꾸기보다는 차라리 잠을 자고 싶다〉, 〈하루〉와 장편 영화 〈역전의 명수〉, 〈경의선〉, 〈두 번째 스물〉을 만들었다.

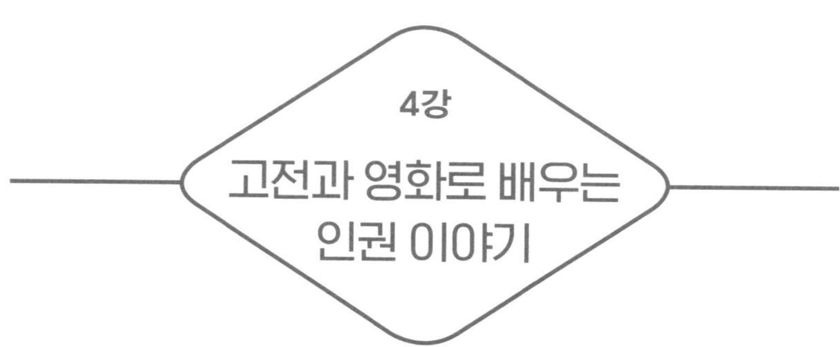

안녕하세요, 영화 만드는 박홍식입니다. 오늘 말씀드릴 것은 '이야기'입니다. 이야기에는 사람의 마음을 끄는 힘이 있습니다. 우리가 인권을 배울 때도 이야기는 좋은 방법이 되지요. 책과 자료를 통해 배운 인권은 객관적일 수는 있습니다만, 생생하게 와 닿지 않습니다. 그러나 소설과 영화로 보는 인권은 어떨까요? 바로 지금 일어나는 일처럼 마음 깊이 느끼게 하지요

이야기로 배우는 인간에 대한 이해

〈런치 데이트〉(Lunch Date, 2011년)라는 미국 단편 영화에 이런 장면이 등장합니다. 노년의 상류층 백인 여성이 뉴욕의 중앙역에서 기차를 타려고 바삐 걷다가 중년의 뚱뚱한 흑인 남성과 부딪혀요. 이 남성이 미안하다며 이 여성의 가방에서 쏟아진 물건을 주워 주려고 하는데 이 여성이 차갑게 거절합니다. 지체한 탓에 기차도 놓치게 되지요. 다음 기차를 기다리는 동안 이 백인 여성이 역 구내의 식당으로 들어갑니다. 샐러드를 주문해서 탁자에 놓고 포크를 가지러 간 사이 홈리스로 보이는 다른 중년의 뚱뚱한 흑인 남성이 자신의 탁자에 앉아 자기 샐러드를 먹고 있는 겁니다.

이 여성이 맞은편 자리에 앉아 자기 샐러드라고 항의해 보지만 이 남성은 무시하고 계속 먹는 겁니다. 어처구니가 없었지만 남은 현금이 없던 백인 여성은 하는 수 없이 흑인 남성이 먹고 있는 자신의 샐러드를 포크로 집어 한입 먹다가 결국 그 흑인 남성과 샐러드를 사이좋게 나누어 먹게 됩니다. 졸지에 엉뚱한 사람과 점심 데이트를 한 셈이지요. 심지어 이 흑인이 후식으로 커피까지 사주어 마시게 돼요. 홈리스로서는 꽤 친절을 베푼 거지요. 이 여성이 기분 좋게 커피까지 얻어 마시고 식당을 나섰는데 노년인 탓인지 건망증이 심해 가방을 안 가지고 나온 겁니다. 서둘러 식당으로 돌아가 자신의 식탁을 살펴보는데 가방이 없어진 겁니다. 순간적으로 아까 그 흑인 남성을 의심합니다. 역시 그 흑인 남성이 도둑이었구나, 라고요. 그런데 알고 보니 그 식탁은 자기 식탁이 아니었던 겁니다. 다른 식탁에 가방도 그대로 있고 자신이 샀던 샐러드도 그대로 있는 겁니다. 그러니까 그 흑인 남성과 나누어 먹은 샐러드도 자기 것이 아니라 그 흑인 남성의 것이었던 것이지요. 이 여성이 "오, 마이 갓!'이라고 하며 웃으며 식당을 떠납니다.

이 영화를 본 사람들은 자기 안에 숨은 인종적 편견에 대해 깨닫게 되지요. 이게 영화의 힘입니다. 일상의 한 장면을 통해 한 시대를 보여 주는 겁니다. '세계 인권 선언', 이런 데 써 있는 인권은 다 옳은 말이기는 하지만 어쩐지 거리가 느껴지잖아요. 피부에 와 닿지 않습니다. 이야기는 달라요. 바로 나의 문제처럼 느껴지게 해요. 저는 인권을 한마디로 역지사지, 즉 '타인의 입장에서 생각해 보기'라고 생각합니다. 그러면 상대에게 상처 줄 일이 없어요. 내가 그런 식으로 대하면 그 사람도 나를 존중합니다. 이야기는 기본적으로 다른 사람의 입장이 되어 보기입니다. '내가 그 사람이라면 어떨까?'를 생각하고 그 사람이 느낄 감정도 간접적으로 체험하는 것이 중요합니다.

학교에서 역사를 배우잖아요. 역사에서는 예컨대 한국 전쟁이 어떻게 발발했는지, 얼마나 많은 사람들이 희생되었는지 설명합니다. 하지만 70년이 다 되어가는 지금 당시 삶을 느끼기란 어려워요. 그

러나 소설이나 영화를 보면 어때요. 당시 살았던 인물의 삶이 생생하게 전해집니다. 전쟁의 참상을 보며 평화의 소중함을 절감하지요. 바로 이것이 이야기의 장점입니다. "열 길 물속은 알아도 한 길 사람 속은 모른다"는 속담이 있습니다만, 이야기야말로 그 한 길 사람 속으로 들어갈 수 있는 유일한 길일지도 몰라요. 그렇다면 '이야기'는 언제부터 생긴 걸까요? 당연히 인류의 역사가 시작되면서부터였을 겁니다. 글이 없었던 시절에는 말로 이야기를 만들어 전하고 글이 생긴 다음에는 글로 이야기를 만들어 전했겠지요.

이야기를 연구하는 학문을 '서사학'이라고 합니다. 영어로는 내러톨로지(narratology)라고 해요. 최근에 생긴 개념입니다. 과거에는 이야기를 연구하는 학문을 다른 이름으로 불렀어요. 맨 처음은 시학(詩學)이었습니다.

글이 없었을 때는 말로 이야기를 만들었습니다. 그런데 말로 하다 보면 금세 잊어버리겠죠? 그래서 기억하기 쉽도록 운율을 넣습니다. 즉 시가 되고 노래가 된다는 뜻이에요. 우리나라 판소리 명창들이 열 시간이 넘는 판소리를 완창할 수 있는 이유는 그것이 노래의 형식이기 때문입니다. 그냥 외우라고 하면 못 외워요. 여러분도 유행가 가사는 따로 안 외우잖아요. 첫 소절만 떠올리면 술술 나옵니다. 옛날 이야기는 다 운율이 있었습니다. 그래서 시(詩)예요. 아리스토텔레스가 시학(詩學)을 썼을 때 그 시(詩)는 오늘날의 '이야기' 개념입니다.

그러다가 문자가 발명되고 인쇄술이 발달하면서 이야기는 '글'의 형태를 띠게 됩니다. 그러면서 글의 형태로 만들어진 이야기까지 다루는 문예학(文藝學)이 등장합니다. 이때까지도 따로 서사학이 없었어요. 영화라는 매체가 등장하기 전까지는 말이지요. 영화는 서사학 출현의 결정적인 계기가 됩니다. 이야기가 말과 글이 아닌 형태 즉, 움직이는 그림으로 전개되었기 때문입니다. 이어서 새로운 형태의 이야기가 속속 등장합니다. 영화, 방송, 만화, 게임 등 다양한 매체가 등장하면서 문예학은 서사학에 자리를 내줍니다.

서사학자들은 서양 이야기의 출발을 호메로스에서 찾습니다. 기원전 8세기 인물인 그는 『오뒷세이아』와 『일리아스』라는 서사시를 지은 사람입니다.

이 두 서사시는 모두 트로이아 전쟁을 배경으로 하고 있어요. 기원전 12세기 경 헬라스 연합군과 트로이아가 전쟁을 벌입니다. 신화에 의하면 스파르타의 왕비 헬레네를 트로이아의 왕자 파리스가 납치하면서 시작되지요. 그리고 그 전쟁의 결말은 아시다시피, 그 유명한 '트로이아의 목마' 전략으로 헬라스 연합군이 승리합니다. 『일리아스』는 헬라스 연합군의 장수 아킬레우스를 주인공으로 전쟁의 전개를 담고 있고요. 『오뒷세이아』는 또 다른 장수인 오디세우스가 전쟁에서 승리한 후 고향으로 돌아가기까지의 우여곡절을 담은 내용이에요.

한편, 트로이아의 장수였던 아이네아스는 전쟁에서 패하자, 새로

▲장 오귀스트 도미니크 앵그르, 「호메로스의 예찬」(1827). 호메로스의 머리 위로 승리의 여신이 그에게 월계관을 씌워주고 있다. 『오뒷세이아』와 『일리아스』는 발밑의 두 여인으로 의인화했다.

운 살 곳을 찾아 지금의 이탈리아 반도로 와서 새로운 나라, 고대 로마를 건설하게 됩니다. 아이네아스의 아버지 안세키스는 미의 여신 아프로디테와 결혼했던 사람입니다. 그래서 로마 사람들은 자신들의 뿌리가 올륌포스 신들에게 있다고 생각해요. 후에 이 이야기를 로마의 시인 베르길리우스가 『아이네이스』(Aeneis)라는 서사시에 담습니다. 참고로 '아이네이스'는 '아이네아스의 이야기'라는 뜻입니다.

베르길리우스는 호메로스로부터 큰 영향을 받습니다. 오뒷세이아가 승전국 장수의 귀향기였다면 아이네이스는 패전국 장수의 방랑기라고 할 수 있어요. 그리고 베르길리우스는 다시 14세기 서양을 대표하는 작가 단테의 『신곡』에서 부활합니다. 단테는 베르길리우스의 작품을 몇 번이고 다시 읽었다고 해요. 그리고 실제로 작품에서 베르길리우스를 지옥의 안내자로 등장시킵니다.

지금 서양 문화의 뿌리는 헬레니즘과 헤브라이즘입니다. 그리스 사람들은 자기 나라를 '헬라스'라고 불러요. 그리스는 영어식 표현입니다. 우리말로는 '희랍'이라고 하지요. 그러니까 헬레니즘은 우리가 알고 있는 고대 그리스의 사상을 말합니다. 헤브라이즘은 히브리인들의 사상을 말합니다. 바로 성경을 뜻하지요. 즉, 서양 문화는 헬라스 신화와 히브리 성서, 이 두 개에 그 뿌리를 두고 있다고 보시면 됩니다. 이 두 개의 큰 흐름이 단테의 『신곡』에서 만납니다.

나는 왜 단테에 관심을 가지게 되었나?

단테 이야기를 하기 전에 잠깐 제 영화 이야기를 하겠습니다. 제가 만든 〈하루〉라는 단편 영화가 토리노 영화제에 초대되어 1999년 11월 이탈리아에 갔습니다. 영화가 끝나자 젊은 여성 한 분이 다가오더니 "So beautiful!"이라고 하는 거예요. 근데 얼굴에는 눈물이 흐르고

있었어요. 저는 사실 당황했어요. 겨우 20분짜리 단편 영화였거든요. 저도 이야기가 이렇게 사람 마음을 움직일 수도 있구나, 놀라기도 했고 뿌듯하기도 했습니다. 이게 인연이 되어서 8년 후인 2007년에 〈경의선〉이라는 장편 영화로 또 한 번 토리노 영화제에 초대되어 갔습니다. 그때 김강우 씨가 주연상을 받고 저도 국제 비평가상을 받는 등 수확이 있었어요. 무척 기뻤습니다. 시상식 파티 때 8년 전에 제 작품을 택했던 프로그래머를 다시 만났는데, 그는 〈하루〉가 내가 떠난 이후에도 이탈리아에서 이야기가 많이 됐다며 직접 이탈리아에 와서 영화를 찍을 생각이 없느냐고 물었어요. 그렇게 해서 만들어진 영화가 〈두 번째 스물〉(2016년)입니다. 이탈리아의 주요 도시들을 배경으로 중년 남녀의 사랑 이야기를 담고 있습니다. 여기에는 화가 카라바조의 작품과 단테 이야기가 양념으로 들어갑니다. 제 개인적으로 단테에 관심이 컸어요. 그래서 오늘도 단테 이야기를 조금 하려고 합니다.

고대에서 현대에 이르기까지 서양의 주요 이야기 작품에서 반복해 등장하는 모티브가 하나 있어요. 바로 '카타바시스'(katabasis)라는 것인데요, 우리말로 하면 '저승 여행'쯤 됩니다. 『신곡』은 이 저승 여행 모티브 자체가 작품이 된 경우입니다.

주요 내용은 이렇습니다. 단테가 삶을 반 정도 살았을 때 지옥, 연옥, 천국을 차례대로 여행을 하게 됩니다. 지옥과 연옥은 베르길리우스가 안내를 하고 천국은 단테가 짝사랑했던 베아트리체가 안내를 합니다. 베르길리우스, 아까 말씀드렸죠? 로마의 건국 서사시인 『아이네이스』를 쓴 시인, 벌써 눈치 채셨겠지만 앞에서 이야기한 고대의 서사시를 모르면, 또 성서를 모르면 이 『신곡』도 이해할 수 없게 되어 있습니다.

『신곡』은 모두 세 편으로 나뉘어 있는데요. 첫 번째가 지옥(인페르노), 그 다음이 연옥(푸르가토리오), 마지막이 천국(파라디소)입니다. 지옥은 땅속에 있습니다. 단테의 지옥도를 묘사한 그림을 보면 역삼각형으로 맨 위가 땅입니다. 거기서 점점 지구 안쪽으로 들어가요. 죄가 클수록 깊은 곳에 갇히게 됩니다.

참고로 단테는 죄를 크게 세 가지로 나눕니다. 부절제, 폭력, 기만이에요. 부절제는 뭔가요? 바로 자기 욕망을 제어하지 못한 죄입니다. 예컨대 애욕 같은 것, 그리 큰 죄는 아니죠? 남한테 피해를 주는 건 아니니까요. 폭력은 타인에 대한 폭력, 자신에 대한 폭력, 신에 대한 폭력, 이렇게 세 가지로 나눠요. 다른 건 알겠는데, 자신에 대한 폭력은 뭘까요? 예, 바로 자살을 말합니다. 자살한 사람은 지옥에서 나뭇가지가 되어 매달려 있는 것으로 되어 있어요. 소설가 한강의 『채식주의자』에도 나무가 되고 싶어 하는 여자가 주인공으로 나오는데 나무가 되고 싶어 하는 것과 죽음 충동을 연결시킨 것은 한강 작가가 『신곡』에서 가지고 왔을 것 같아요. 세 번째가 기만인데, 두 가

지로 나눌 수 있습니다. 자기가 모르는 사람을 속이는 것 즉, 사기와 아는 사람을 속이는 것 즉, 배신 이 둘입니다. 단테는 배신을 가장 큰 죄로 생각했어요. 지옥 맨 아래에는 하느님을 배신한 타락 천사 루키페르(루시퍼)가 예수를 배신한 유다와 카이사르(시저)를 배신한 브루투스와 카시우스를 입에 물고 있는 것으로 되어 있지요.

단테의 행적을 따라가 볼까요? 단테는 베르길리우스의 안내로 지옥문을 통과해 지옥에 들어섭니다. 지옥에 가장자리 그러니까 맨 윗부분을 '림보'(limbo)라고 부릅니다. 여기에 죄를 짓지 않은 아이들과 소크라테스, 플라톤, 아리스토텔레스, 호메로스 등 고대 그리스의 유명한 학자, 시인들이 죄다 모여 있어요. 기독교가 등장하기 이전 시대 사람들이기 때문입니다.

림보를 지난 단테는 한 걸음 더 깊이 내려갑니다. 두 번째 지옥에는 애욕의 죄를 저지른 사람들이 갇혀 있는데, 거기서 파올로하고 프란체스카라는 사람을 만납니다. 이 둘은 시동생과 형수 사이였어요. 애욕의 죄를 저지른 거죠. 그런데 신곡에 나오는 이 이야기는 실화예요.

사연은 이렇습니다. 13세기 이탈리아의 유력 집안인 두 가문이 정략결혼을 하기로 해요. 당시는 많이들 그랬어요. 그런데 신랑이 될 남자가 신체적인 장애가 있어요. 이걸 숨기기 위해 동생인 파올로를 보내 대신 맞선을 보게 한 겁니다. 프란체스카는 파올로에게 반하여 결혼을 승낙하지요. 그러나 거짓은 곧 들통납니다. 결혼 첫날밤에

▲ 윌리엄 브레이크, (1824년 경) 「지옥의 맨 아래 층에 단테와 베르길리우스를 내려놓아 주는 안타이오스」

형이 들어와 자초지종을 말하지요. 그러나 결혼을 무를 수는 없는 일이어서, 결국 프란체스카는 형의 눈을 피해 동생인 파올로와 사랑을 나눕니다. 이 사실을 알게 된 형에 의해 두 사람은 죽음을 당하지요. 이 일화는 당시 예술가들에게 깊은 영감을 줍니다. 여러 예술 작품의 소재로 자주 등장해요. 어쨌든 이렇게 해서 두 사람은 지옥에 오게 돼요.

이런 식으로 쭉 지옥을 여행한 다음 어디로 가느냐, 바로 지구 반대편에 있는 연옥(煉獄)입니다. 연옥이라는 개념은 서기 11세기경에 생

깁니다. 그전에는 지옥 아니면 천국입니다. 사람들이 보기에도 좀 과하다 싶었나 봅니다. 찰나의 삶을 살면서 지은 죄 때문에 영원히 지옥에 있는 건 좀 억울하겠죠. 그래서 연옥이 탄생합니다. 큰 죄를 짓지 않은 사람들 그리고 죽기 전에 신을 받아들인 사람들은 이리로 가요. 거기서 벌을 받고 죄를 씻으면 천국에 갈 수 있게 됩니다. 단테에 의하면 연옥도 지은 죄에 따라 일곱 개로 나뉘어 있습니다. 그 죄란 교만, 질투, 분노, 태만, 탐욕(인색과 낭비), 탐식, 애욕으로 기독교에서 말하는 칠죄종(七罪宗)이 바로 그것입니다.

연옥은 지구 반대편에 있기 때문에 지옥과 구조가 반대입니다. 지옥이 아래로 내려갈수록 더 큰 죄를 지은 사람이 갇힌 곳이었다면, 연옥은 큰 죄를 지은 사람이 갇힌 곳이 가장 가깝고 점점 가벼운 죄를 지은 사람들이 있는 곳으로 가게 되지요. 어쨌든 그렇게 단테는 일곱 개의 연옥을 두루 지나고 비로소 천국에 도착합니다.

천국은 열 개의 하늘로 이루어져 있어요. 월성천, 수성천, 금성천, 태양천, 화성천, 목성천, 토성천, 항성천, 원동천, 정화천, 이렇습니다. 해와 달, 그리고 태양 주위를 도는 별들 이름이 등장합니다. 그곳에서 지구를 내려다봐요. 단테는 우리가 우주선을 타고 지구 바깥으로 나가기 이전에, 그러니까 지구에 발을 디딘 채 하늘의 시점에서 지구를 바라본 최초의 사람입니다. 대단한 상상력 아닙니까? 단테 이전엔 하늘나라에서 지구를 본다는 생각 자체를 안 했어요.

자, 그래서 단테가 천국에 가는데, 이 천국 편이 정말 절창입니다. 학자들은 단테가 이 천국 편을 쓰려고 『신곡』을 썼다고 말할 정도입니다. 단테는 우리 인간에게 죄를 지으면 지옥에 간다는 말을 하고 싶었던 게 아니에요. 반대로 이상향을 말하면서 우리에게 희망을 주려고 한 겁니다. 책을 읽다 보면 자연스레 느낄 수 있어요. 천국 편에는 믿음과 선행과 구원에 대한 단테의 생각이 잘 드러나 있습니다.

여러분, 신곡의 원제가 뭔지 아세요? 우리는 '신의 노래'[神曲]로 번역하지만, 이탈리아어로 'La Divina Commedia' 영어로 하면 'The divine Comedy' 즉 '성스러운 희극'쯤 됩니다. 코미디 다들 아시죠? 해피엔딩이라는 겁니다. 단테는 이 책을 당시 지식인들의 언어인 라티움어로 쓰지 않습니다. 평범한 사람들의 언어인 토스카나 방언으로 썼어요. 그럼으로써 더 많은 사람들에게 희망을 말해 주고 싶었던 겁니다. 그리고 토스카나 방언은 나중에 이탈리아 표준어가 됩니다. 단테의 『신곡』이 끼친 영향력이 어느 정도인지 알 수 있습니다.

지금까지 단테의 『신곡』에 대해 말씀드렸는데요. 다시 한 번 말씀드리지만 우리가 서양의 서사 즉, 이야기를 이해하려면 앞서 말씀드린 『일리아스』, 『오뒷세이아』, 『아이네이스』와 『단테』를 꼭 읽어 봐야 합니다. 이들은 내용과 형식면에서 앞선 시대 작품을 계승하면서도 새로운 시도를 한 흔적이 그대로 보입니다.

왜 고전을 읽어야 할까?

근대로 넘어가겠습니다. 16~17세기 사람이었던 셰익스피어와 세르반테스는 서양에서 이야기를 담는 새로운 형식인 소설의 등장을 알린 인물입니다. 단테의 『신곡』까지는 모두 시나 노래의 형식을 취했어요.

이 두 사람은 특이하게도 같은 날 죽습니다. 사망일이 둘 다 1616년 4월 23일이에요. 재작년이 500주년이었습니다. 그들이 태어난 나라인 에스파냐와 영국에서 기념행사가 성대하게 열렸어요. 이들의 이야기는 오늘날에도 여전히 사랑받고 있습니다. 몇 년 전 〈공주의 남자〉라는 텔레비전 드라마가 인기를 끌었습니다. 적대적인 가문의 딸, 아들인 세조의 딸과 김종서의 아들이 서로 사랑하는 이야기입니다. 어디서 많이 본 듯하지 않나요? 예, 바로 셰익스피어의 『로미오와 줄리엣』입니다. 거기서 모티브를 얻은 거예요. 그렇다면 이런 모티브는 온전히 셰익스피어 혼자 만든 것일까요? 아닙니다. 헬라스 고전에서 그 원형을 찾아볼 수 있어요.

베르길리우스와 같은 시기에 살았던 오비디우스라는 또 한 명의 위대한 고대 로마의 시인이 『변신 이야기』라는 서사시를 씁니다. 우리가 서점에서 만나는 『그리스 로마 신화』 중 가장 유명한 토마스 불핀치 판본이 바로 이 『변신 이야기』를 토대로 쓴 것입니다. 어쨌든

『변신 이야기』에 퓌라모스와 티스베의 이야기가 나오는데 다음과 같아요.

옛날 한 마을에 퓌라모스와 티스베라는 남자와 여자가 살았습니다. 서로 사랑했던 두 사람은 결혼을 원했지만, 부모들이 반대해요. 결국 두 사람은 도망을 치기로 합니다. 먼저 약속 장소에 나와 있던 티스베가 사자를 만나요. 다행히 도망쳤지만 사자는 그녀가 쓰고 온 베일을 갈기갈기 찢어 버립니다. 나중에 나타난 퓌라모스가 티스베가 죽은 줄 알고 스스로 목숨을 끊지요. 이 사실을 알게 된 티스베도 그 뒤를 따른다는 슬픈 이야기입니다.

어때요, 『로미오와 줄리엣』이 떠오르지요? 그런데 이 퓌라모스와 티스베 이야기도 오비디우스의 창작물이 아닙니다. 고대 바빌로니아에서 전해 오던 이야기를 옮겨 적은 거예요. 고대 바빌로니아에서 로마의 오비디우스로 다시 셰익스피어로, 우리의 드라마로 수천 년을 걸쳐 반복되고 있는 거예요. 세르반테스도 마찬가지입니다. 셰익스피어와 세르반테스 이 두 사람은 모두 고전을 공부한 사람들이었습니다.

제가 고전에 관심을 가지기 시작한 이유도 셰익스피어 때문이었습니다. 그의 작품을 읽다 보면 자꾸 고대 헬라스의 작가들이 떠오르는 거예요. 아이스퀼로스, 소포클레스, 에우리피데스를 그리스 3대 비극 작가라고 하잖아요. 아이스퀼로스의 '오레스테이아 3부작'을 읽으며

정말 많이 놀랐습니다. 2500년 전 이야기가 어찌나 와 닿던지 셰익스피어는 그 세 사람의 발끝에도 올 수 없다고 저는 생각합니다.

20세기로 건너뛰지요. 다음으로 소개할 이야기는 제임스 조이스의 소설 『율리시스』입니다. 많은 학자들이 20세기 영미 소설 가운데 최고로 꼽는 작품입니다. 독창적이면서도 난해하기로 유명한데요, 이 소설은 두 남자가 아침부터 그날 밤까지 아일랜드의 더블린 시내를 따로 배회하다가 나중에는 같이 배회하게 되는 내용입니다. 이게 다예요. 그 내용이 두꺼운 소설 두 권으로 되어 있습니다.

그런데 책 제목이 왜 율리시스일까요? 이것은 오뒷세우스의 영어식 표현이에요. 오뒷세우스가 로마로 가면 울릭세스가 되고 영국으로 가면 율리시스가 되는 겁니다. 이상하지 않습니까? 세계에서 가장 독창적이라는 소설이 제목부터 오뒷세우스라니.

이 소설이 어려운 이유는 바로 이 소설이 수학으로 말하자면 미적분이기 때문입니다. 미적분을 풀려면 사칙연산부터 인수분해, 함수 등 미리 알아야 할 것들을 거쳐야 하잖아요. 이야기도 똑같은 겁니다. 위에서 이야기한 호메로스부터 단테, 셰익스피어에 이르기까지 서양 고전을 순서대로 읽은 사람들은 읽을 수 있습니다. 여러분, 고전은 재미있습니다. 그리고 쉽습니다. 어려운 이유는 단지 순서대로 읽지 않아서예요.

소설 『율리시스』의 주인공 이름이 스티븐 디덜러스입니다. 이 이름은 헬라스 신화의 다이달로스에서 왔어요. 밀랍 날개를 달고 태양을 향하다가 죽은 이카로스의 아버지지요. 도처에 이런 장치가 있기 때문에 그 배경에 기본 지식이 갖춰져야 이해가 가능한 겁니다.

여러분도 잘 아시는 해리포터 이야기를 한번 할게요. 영화 〈해리포터와 마법사의 돌〉에 나오는 장면인데요. 꼬마 주인공 세 명이 지하 방으로 내려가려고 하는데 그 입구에 머리가 셋 달린 개가 지키고 있어요. 바로 헬라스 신화에서 지하세계, 하데스의 입구를 지키는 문지기 케르베로스입니다. 이 개는 조이스의 『율리시스』에도 등장합니다. 16장에서 두 주인공이 어두운 골목에 들어서는 장면이 나오는데 여기서 별 의미 없이 차례로 개를 세 마리 만나요. 이것이 케르베로스를 표현한 것인데 이런 것을 눈치챌 수 있는 사람만 이 소설을 끝까지 읽을 수 있는 것이지요.

헤르미온느는 『해리포터』에 나오는 꼬마 주인공의 이름이지요? 그런데 그 이름은 헬라스 신화에 등장하는 헬레네의 딸 헤르미오네에서 온 것입니다. 헬레네는 앞서 트로이아 전쟁 때 등장했지요. 수천 년 전 신화에 등장하는 이름이 오늘날 베스트셀러 소설에 왜 등장했을까요? 고전을 순서대로 읽은 사람만 가능할 수 있는 것입니다.

이처럼 서양의 이야기는 신화 시절의 모티브와 캐릭터들이 변주를 계속하면서 지금까지 이어지고 있습니다. 고대에서 현대에 이르기까지 예술가들에 의해 지속적으로 재해석되고 있는 거예요. 이것은 예

이처럼 서양의 이야기는 신화 시절의 모티브와 캐릭터들이 변주를 계속하면서 지금까지 이어지고 있습니다. 고대에서 현대에 이르기까지 예술가들에 의해 지속적으로 재해석되고 있는 거예요. 이것은 예술 작품에만 한정되지 않습니다. 이야기는 일상생활에까지 스며들어 있어서 그런 것을 모르고는 서양 문명을 제대로 이해할 수가 없지요.

술 작품에만 한정되지 않습니다. 이야기는 일상생활에까지 스며들어 있어서 그런 것을 모르고는 서양 문명을 제대로 이해할 수가 없지요.

인간답게 살기 위한 인문학 공부

일본은 애니메이션 강국입니다. 세계인들의 사랑을 받고 있지요. 제가 몇 년 전, 부산의 어느 영화제 기간에 특강을 한 적이 있는데 애니메이션을 전공하는 학생이 질문을 하더군요. 왜 우리나라 애니메이션이 일본에 비해 수준이 떨어지냐고요. 기술은 오히려 우리가 더 뛰어나요. 아직도 일본은 대부분 2D로 만들지만 우리는 3D 기술이 미국하고도 그다지 차이가 나지 않습니다. 차이가 나는 부분은 '스토리' 즉, 이야기예요. 일본의 서양 고전 연구 수준은 서양과 다를 바 없을 정도이고 우리는 서양 고전을 본격적으로 연구하기 시작한 것이 이제 겨우 25년 남짓밖에 안 되었습니다.

〈바람 계곡의 나우시카〉라는 애니메이션 아시죠? 제가 학생들에게 혹시 '나우시카'라는 이름이 어디에서 왔는지 아느냐고 물으면 대답하는 경우가 거의 없습니다. 앞서 제가 말씀드린 호메로스의 『오뒷세이아』에 나옵니다. 전쟁에 승리한 장수 오디세우스가 고향 섬 이타케에 도착하기 직전 배와 부하를 모두 잃고 스케리아라는 섬에 표류해

서 도착하게 되는데 이 섬의 공주 이름이 나우시카입니다. 대본을 쓴 사람이 호메로스를 읽고 나우시카의 이름과 캐릭터를 가지고 온 것이지요.

나쓰메 소세키는 일본의 국민 작가로 추앙받는 인물입니다. 저는 그 사람의 소설을 읽으면서 일본의 이야기 생산자들은 서양 고전을 제대로 공부한다는 느낌을 받았습니다. 일찌감치 문호를 개방한 일본은 19세기 후반, 명치유신 무렵에 웬만한 서양 고전들을 전부 다 번역해 놓습니다. 여기에 비하면 우리가 100년 정도 늦었다고 보면 맞을 겁니다. 그러니 수준 차이가 날 수밖에요.

번역에 관한 한 우리는 아직도 가야 할 길이 멉니다. 호메로스의 작품 『일리아스』와 『오뒷세이아』도 원본을 한국어로 번역한 지가 20년이 안 돼요. 그전에는 영어판이나 일어판을 중역해서 썼습니다. 당연히 일본인들이 지어낸 이야기도 서양 사람들에게는 더 잘 다가가겠지요.

여러분 『해리포터』 누가 썼죠? 조앤 K. 롤링입니다. 이분이 해리포터로 벌어들인 수익이 어마어마하다고 합니다. 돈도 돈이지만, 그만큼 많은 사람이 그 이야기에 매료되었다는 점이 더욱 중요해요. 해리포터가 세계적으로 인기를 끌자, 우리는 왜 그런 이야기를 만들지 못하는가 하고 반성을 많이 했습니다. 비결이 뭘까요?

여러분도 잘 아시다시피 이야기를 잘 만들려면 창의성이 필요합니다. 그렇다면 그 창의성은 어디에서 나옵니까? 하늘에서 뚝 떨어지나요? 그렇지 않습니다. 몇몇 천재들에 의해 좋은 이야기가 만들어진다고 생각하시면 오해입니다. 오늘날 좋은 이야기는 고전을 열심히 읽고 성실하게 글을 쓰는 사람들이 만들어요.

제가 국립중앙도서관을 자주 가는데 어느 날 영국 서가를 보니 해리포터 같은 마법사를 소재로 한 소설이 엄청나게 많은 거예요. 우리나라에 번역된 것이 그 정도면 영국에는 마법사 소설 전통이 강력하다고 보아야겠지요. 영국에는 해리포터가 나올 만한 토대가 있었던 거예요. 롤링 역시 고전 공부를 다 했고요. 마법사 소설 전통 속에서 그리고 어려서부터 셰익스피어를 읽고 보고 자랐어요. 창의성은 머리 싸맨다고 발휘되지 않습니다. 이런 사실은 우리에게 시사하는 점이 큽니다. 우리는 쉽게 고전을 버립니다. 대학은 돈벌이에 도움이 안 된다며 기초 학문을 가르치는 학과를 없애거나 통폐합해요. 학생들도 취직하기 어렵다며 외면합니다. 그런데 학교에서 밀려난 인문학 강사들이 지금 어디에 있는지 아세요? 대기업 강당에서 회장님, 임원들 상대로 인문학 강의를 합니다. 왜죠? 그 사람들이 눈치는 가장 빠릅니다. 애플의 창업자 스티브 잡스를 보고 깨달은 겁니다. 인문학이 돈이 된다는 것을 안 것이지요.

4차 산업 혁명이라는 말 많이 하지요? 앞으로는 인공 지능과 로봇이 인간이 할 일 가운데 많은 부분을 대체할 겁니다. 그렇게 될 확률

이 아주 높아요. 그리고 그것은 바람직한 것입니다. 그런 사회 체제를 미리 준비해야겠지만 인간은 적게 일하고 놀고 인문학 공부하고 그러면 되는 것 아닐까요? 기술은 점점 쉬워지고 단순한 일은 기계에게 맡기고 더욱 더 인간답게 살기 위해 인문학 공부를 해야겠지요.

만유인력을 발견한 뉴턴은 이런 말을 했다고 합니다. "내가 남들보다 멀리 보았다면, 이는 거인의 어깨 위에 올라서서 보았기 때문이다."

'거인의 어깨'란 아마도 그때까지 축적된 과학적 지식일 겁니다. 뉴턴은 당대까지 축적된 과학적 지식을 순서대로 다 공부를 했습니다. 그래서 의문이 생긴 것이지요. 공부를 하지 않는 사람은 의문도 생기지 않습니다. 어느 날 나무에서 뚝 떨어지는 사과를 보았을 때, 그가 '만유인력'을 생각해 냈다고 하는데, 이런 것을 불교에서는 돈오(頓悟)라고 하지요. 그전에 점진적인 수행인 점수(漸修)의 과정, 그러니까 축적된 과학적 지식을 공부하는 데 많은 시간을 쏟은 것이지요. 이것이 거인의 어깨이지요. 거인이 나를 자신의 어깨 위에 올려주지 않습니다. 내가 올라가야지요.

서양의 이야기에서 반복되는 모티브와 캐릭터는 지금도 이어지고 있습니다. 새로운 이야기가 되었다가, 시간이 지나면서 또 다른 고전이 되는 식으로 후대로 전해지겠지요. 이것이 바로 이야기의 역사입니다. 뉴턴이 말한 '거인의 어깨'는 지금까지 역사를 통해 축적된 이야기들이자 사건들일 것입니다. 세상의 모든 이야기와 사건을 살필 수는 없지만, 우리에게는 고전이 있습니다. 고전 속에는 당대와 그 이전의 모든 이야기, 사건이 응축되어 있습니다. 인류의 역사와 함께 그 오랜 시간을 거치면서도 끝까지 살아남은 이야기는, 그 자체로 우리가 읽어야 할 가치가 있습니다.

우리 삶에 영향을 미치는 이야기의 역할

세상에는 무수한 이야기가 존재합니다. 다 다른 것처럼 보이지만, 때로 비슷한 내용도 있어요. 처음 듣는 이야기인데 뭔가 친숙한 느낌이 듭니다. 세상에 완전히 새로운 이야기란 없습니다. 앞서 서양의 이야기 흐름을 살펴볼 때도 느꼈듯이, 그 이전의 이야기가 나중 이야기에 영향을 미쳐요. 작가가 일부러 베껴서 그런 게 아닙니다. 우리 인간에게는 공통된 경험, 공통의 욕망이 있기 때문이에요. 서양의 이야기가 우리에게 완전히 낯설지 않은 이유입니다. 사실 서양 이야기의 근원을 살피다 보면 동양의 그것과 만나게 돼요.

역사적으로 볼 때 서구 문명의 두 축인 헬레니즘과 헤브라이즘은 메소포타미아의 수메르 문명에 그 뿌리를 두고 있습니다. 인도에는 『마하바라타』라는 서사시가 있어요. 『일리아스』, 『오뒷세이아』를 합

친 것의 열 배, 성서의 네 배에 이르는 방대한 내용입니다. 여기에서도 우리가 지금껏 살펴보았던 서양 이야기의 모티브들이 등장합니다. 아마도 그 이전, 수메르와 인도 문명 이전에도 무언가 우리의 가슴속을 울리는 이야기가 있었을 거예요.

우리의 옛이야기에서도 비슷한 모티브가 나옵니다. 어쩌면 이야기는 동서양을 나눌 수 없는, 인류 공통의 기억에 기반하고 있는지도 모릅니다. 그렇다면 우리는 이 이야기들에서 어떤 의미를 찾을 수 있을까요? 다름 아닌 우리의 삶일 것입니다. 이야기는 지금도 계속되고 있어요. 이야기는 단순한 허구가 아닙니다. 우리 삶을 반영하면서 거꾸로 우리의 삶에 영향을 미치는 중요한 역할을 해요.

어려서부터 『일리아스』를 읽고 자란 독일의 고고학자 슐레이만은 전설 속의 나라인 줄만 알았던 트로이아의 유적지를 발견합니다. 그 순간 신화는 역사가 되었지요. 트로이아 전쟁을 역사적으로 설명하면 발칸반도와 소아시아가 에게해의 무역권을 놓고 쟁투를 벌인 것입니다. 문자가 없던 시절, 사람들은 이야기를 통해 이러한 역사적 사실을 상기하고 후대에 전했던 거예요.

이야기는 사람들의 마음을 하나로 묶습니다. 예컨대 유럽의 나라들이 유럽 연합을 구축할 수 있었던 데는, 여러 차이에도 불구하고 '유럽인'이라는 공동체 의식을 갖고 있었기 때문입니다. 여기에는 그들이 공유하는 오래된 이야기가 큰 역할을 했다고 생각합니다. 우리도 한국인이기 이전에 아시아인입니다. 지금은 한·중·일이 서로 대립하고 있지만, 같은 아시아인으로서, 공통의 경험과 기억이 있고 이를 이야기로 상기시킬 수 있다면, 지금보다 훨씬 평화로운 체제를 구축할 수 있지 않을까요?

마지막으로 한 말씀 더 덧붙이자면, 예술가는 현재의 문제를 보는 사람입니다. 그래서 사실주의자, 리얼리스트라고 할 수 있어요. 그러나 동시에 예술가들은 꿈을 꿉니다. 지금보다 더 나은 미래를 꿈꿔요. 현재에 문제가 없다면 꿈을 꿀 필요가 없어요. 사실주의자지만 더 나은 미래를 꿈꾸기 때문에 또 이상주의자죠. 현실주의자이자 이상주의자인 셈입니다. 여러분도 그러길 바랍니다. 인권 역시 마찬가지입니다. 항상 인간을 이야기해야 합니다. 인간을 이해하려면 인간이 지금까지 축적해 온 이야기를 알아야 합니다. 여러분도 그럴 수 있기를 바랍니다.

그럼 이상으로 강의를 마치겠습니다. 고맙습니다.

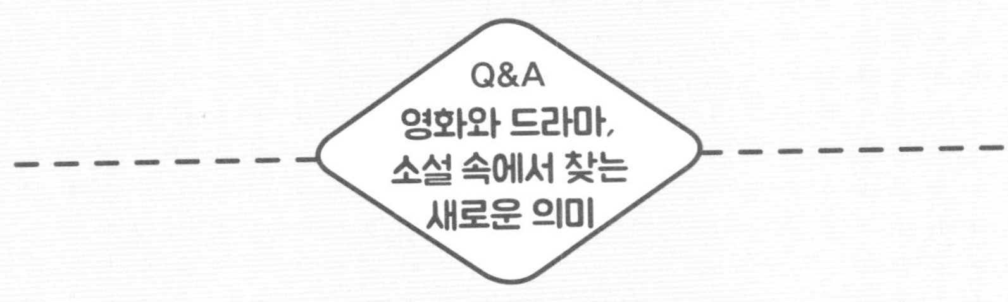

청중 예술 영화는 조금 어렵다는 선입견이 있는 것 같습니다. 독립 영화 같은 비상업적인 영화들을 잘 이해하려면 어떻게 해야 할까요?

박흥식 영화는 기본적으로 재미있어야 합니다. 예술 영화도 마찬가지예요. 그런 의미에서 난해하게 만들어 놓고 사람들이 이해 못 한다고 탓하는 식의 태도는 옳지 않아요. 그런데 그 재미라는 게, 알면 알수록 커져요. 예컨대 어떤 사람이 어렵다고 생각하는 영화를 또 어떤 사람은 아주 재미있게 봅니다. 관심이 있는 분야이거나 사전 지식이 있으면 한 장면 한 장면을 더 재미있게 감상할 수 있다고 저는 생각합니다. 그러면서 한편으로는 기존의 상업 영화들이 억지로 '재미'를 만들어 내는 것도 문제라고 생각합니다. 엄청난 돈을 들여서 뻔한 이야기로 사람들을 식상하게 만드는 경우가 많잖아요. 재미는 있는데 보고 나면 찜찜한 영화도 많습니다. 창작자나 관람객이나 진정한 재미에 대해서 함께 고민하고 만들어 가야 한다고 봐요.

청중 이야기에는 어떤 원형이 존재한다고 말씀하셨는데요, 이를 잘 이해하려면 어떻게 하면 좋을까요?

박홍식 강조했다시피, 고전을 읽는 것이 매우 중요합니다. 또한 그림이나 영화, 음악 등을 접하는 것도 좋은 방법이에요. 예컨대 여행을 가면 그쪽 미술관에 한번 들러 보세요. 고전 작품들을 보다 보면 그 안에 숨은 이야기를 발견하게 됩니다. 물론 이를 알아채려면 사전지식이 필요합니다. 그리스 즉, 헬라스 신화의 세계관과 기독교적 세계관에 대한 이해가 바로 그것이에요. 이 두 가지만 알면 서양 문화는 바로 눈에 들어옵니다.

청중 영화에도 고전들이 많이 차용된다고 하셨는데요, 앞서 말씀하신 작품들 외에 또 어떤 것들이 있을까요?

박홍식 수도 없이 많습니다. 제가 이 자리에서 일일이 열거할 수 없을 만큼이요. 다만, 이 말씀은 드릴 수 있어요. 영화에서는 다양한 방식으로 고전을 차용합니다. 딱 봐도 알 수 있는 게 있고 작가가 숨겨놓은 게 있습니다. 의미를 찾아내는 것은 물론 보는 사람의 몫이지요. 등장인물의 이름에서 암시할 수도 있고 이미지를 통해서 연상시키기도 합니다. 중요한 것은 그러면서 새롭게 그 의미가 확장된다는 거예요. 물론 몰라도 상관없습니다. 장면을 있는 그대로 이해해도 괜

잖아요. 다만 우리가 이야기의 원천이랄 수 있는 고전에 대한 이해가 있다면, 좀 더 다채롭고 풍부하게 예술 작품을 즐길 수 있다는 이야기입니다.

여러분께 지금 당장 모두 찾아서 읽으라고 말하기는 어렵습니다. 공부할 시간도 부족하잖아요. 천천히 시간 나는 대로 찾아보시기 바랍니다. 틈틈이 고전을 읽다 보면 어느 순간 영화와 드라마, 소설 속에서 새로운 의미를 찾는 자신을 발견할 수 있을 거예요.

톨스토이를 통해 살펴보는 인권과 평화

이문영(서울대 통일평화연구원 교수)

이문영

서울대 약대를 졸업하고, 모스크바국립대에서 바흐친(M. Bakhtin)의 '대화주의' 연구로 박사 학위를 받았다. 이후 '대화'와 '경계'를 화두로 여러 연구소에서 연구를 했고, 현재는 서울대 통일평화연구원에서 평화학과 인문학, 러시아와 동아시아 평화의 접점을 찾기 위해 고민하고 있다. 「평화의 문화, 문화의 평화: '평화 인문학'의 관점에서 살펴본 문화」, 「형제 국가들의 역사 전쟁: 우크라이나 사태와 러시아의 크림반도 합병의 기원」, 「탈경계 시대 동아시아 평화와 러시아 극동에 대한 상상력」 등 여러 논문을 썼고, 쓴 책으로는 『톨스토이와 평화』, 『폭력이란 무엇인가: 기원과 구조』(편저), 『평화를 만든 사람들: 노벨 평화상 21』(편저) 등이 있다.

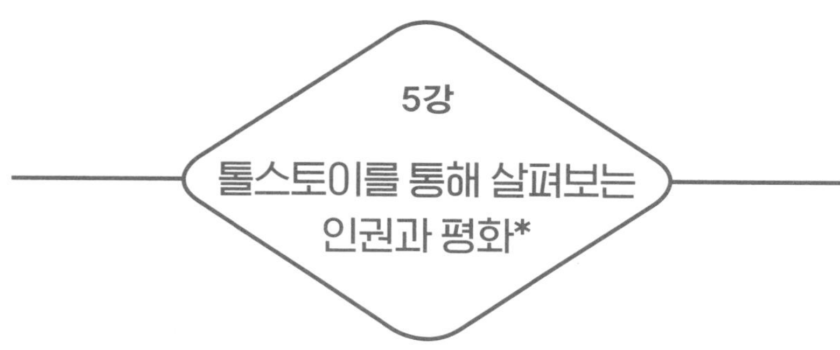

5강
톨스토이를 통해 살펴보는 인권과 평화*

안녕하세요, 이번 시간에는 외국 작가를 통해서 인권 또는 평화에 대해 알아볼게요. 저는 러시아 전공자입니다. 오늘 이야기할 주제도 바로 톨스토이입니다. 톨스토이라는 사람의 문학과 삶이 인권과 평화에 어떤 의미를 가지는지 이야기를 나눠 볼 거예요. 톨스토이에 대해 들어 보신 적 있지요? 그럼 톨스토이에 대해 어떻게 생각하세요? 혹시 톨스토이 작품을 읽어 보신 분 계신가요?

* 이 강의는 강연자의 책 『톨스토이와 평화』(모시는 사람들, 2016)에 기반한 것입니다. 더 자세한 사항은 책을 참조 바랍니다.

톨스토이가 노벨상을 받지 못한 이유

톨스토이의 원래 이름은 조금 깁니다. "레프 니깔라예비치 딸스또이." 원어로는 이렇게 읽어요. 여러분도 잘 아시다시피 러시아 작가인데요, 1828년 태어난 톨스토이는 1910년 세상을 떠날 때까지 차르(tsar)가 통치하던 시대를 살았습니다. 여러분, '차르'가 누군지 아세요? 바로 러시아의 황제를 일컫는 말이에요. 러시아도 혁명이 있기 전까지 다른 유럽 국가들처럼 막강한 권한을 가진 절대군주가 다스렸지요. 톨스토이는 황제 아래, 귀족과 평민, 농노들이 존재하는 신분제 사회에서 살았어요.

당시 우리나라 상황은 어땠을까요? 개화기라고 할 수 있지요. 일제 강점기 즈음입니다. 당시 활동하던 지식인이자 문인이었던 이광수, 최남선 같은 사람들이 가장 존경하는 작가로 꼽은 사람이 바로 톨스토이였습니다. 그만큼 세계적인 작가로 명성을 날리고 있었어요.

톨스토이는 우리나라뿐 아니라 일본이나 중국에도 큰 영향을 미칩니다. 여러분 간디 아시죠? '비폭력 무저항'으로 유명한 사람이죠. 간디가 비폭력 사상을 갖게 된 데에는 톨스토이의 영향이 큽니다. 그만큼 문학적으로나 사상적으로 매우 중요한 인물인 거죠. 왜 그런지 지금부터 구체적으로 살펴보겠습니다.

톨스토이는 두 가지 측면에서 바라볼 수 있어요. 하나는 작가로서

▲ 간디가 톨스토이에게 보낸 편지(1910년 4월 4일).

의 톨스토이입니다. 문학사에 커다란 업적을 남긴 작가이지요. 대표작으로는 『전쟁과 평화』, 『안나 카레니나』, 『부활』이 있습니다. 이 작품들을 가리켜 '톨스토이 3대 걸작'이라 부르지요.

『전쟁과 평화』는 러시아와 프랑스의 전쟁을 다룬 소설이에요. 『안나 카레니나』는 러시아의 귀족 출신 여자가 남편을 버리고 다른 남자와 사랑에 빠졌다가 비극적 결말을 맞는 이야기고요. 참고로 이 두 작품은 모두 영화로 만들어졌어요. 혹시 아실지 모르겠지만 오드리 햅번이라는 세기의 배우는 영화 〈전쟁과 평화〉에 출연하면서 유명세를 타기 시작했어요. 프랑스의 유명 배우 소피 마르소는 영화 〈안나 카레니나〉에서 주인공 안나 역을 맡았지요.

또 한 작품은 『부활』입니다. 네흘류도프라는 귀족이 순간적 충동으

로 카추샤라는 하녀를 유혹합니다. 카추샤는 이 사건으로 임신을 하게 되어 영지에서 쫓겨나고, 이후 비참한 인생을 살게 됩니다. 시간이 흘러 살인 사건 피의자가 된 카추샤를 법정에서 우연히 만난 네흘류도프는 깊은 죄책감을 느끼고 그녀를 물심양면으로 돕는 한편 시베리아 유형지까지 따라갑니다. 작품 제목인 '부활'은 네흘류도프의 회개와 새로운 사람으로 거듭남을 의미하지요.

이 밖에도 톨스토이는 무수한 명작을 남깁니다. 그때나 지금이나 문학에 관심 있는 사람 치고 톨스토이를 안 읽어 본 사람이 없을 거예요. 그런데 톨스토이는 작가로서만 활동한 게 아니었습니다. 그가 노벨 문학상 후보는 물론, 노벨 평화상 후보에, 그것도 네 번이나 올랐다는 사실을 아는 분은 그리 많지 않을 거예요. 톨스토이는 작가인 동시에, 세계적으로 엄청난 영향력을 지닌 평화 운동가이자, 사회 개혁가이기도 했습니다. 그의 말년에는 후자가 훨씬 강력했어요.

당시 러시아가 신분제 사회였다고 했지요. 조선 시대 양반과 상놈이 있었듯이, 러시아 사회도 소수의 귀족과 나머지 평민, 농노로 구성된 사회였습니다. 톨스토이는 귀족 출신이었어요. 십 대 때 이미 영지를 물려받아 재산도 많았습니다. 그럼에도 가난한 사람들을 돕는 데 앞장서지요. 가뭄이나 혹한으로 농민들이 굶주릴 때 사재를 털어서 식량을 나눠 줍니다. 그들의 아이들이 교육을 받을 수 있도록 학교를 세우고 아이들을 가르쳤고요. 나아가 사형제를 반대하고 전쟁에 반대하는 운동을 합니다. 오늘날 세계는 그를 작가로서만이 아니라, 국제 평화에 기여한 '평화 운동가'로 기억합니다. 그렇다면 우리 한국인은 톨스토이 하면 무엇을 떠올릴까요?

한국인에게 톨스토이는 무엇보다 '인생의 스승'으로 인식됩니다. 성자, 현자, 삶의 구도자, 이런 이미지로 남아 있어요. 톨스토이의 사진들을 보면 항상 검소한 농민복 차림입니다. 보면 그냥 수염이 덥수룩한 동네 할아버지 같아요. 동시에 어떻게 살지를 알려 주고 자기가 먼저 그런 삶을 실천한 인생 선배나 인생의 스승 같은 느낌이 강해요.

인터넷 서점에서 검색을 한번 해 보세요. 그러면 '톨스토이, 당신에게 인생을 묻습니다', '톨스토이처럼 생각하고 행동하라' 이런 제목의 책이 줄줄이 나옵니다. 심지어 '톨스토이 태교 동화' 같은 책들도 있어요. 2003년 MBC 교양 프로그램 〈느낌표〉가 이런 톨스토이 이미지에 큰 공헌을 했어요. 그 프로그램에서 『톨스토이 단편선』을 읽어야 할 책으로 꼽았고, 그 직후 베스트셀러가 됐거든요. 이 단편들은 톨스토이가 농민을 계몽하려고 교훈적인 이야기를 쉽고 재미난 동화나 우화 형식에 담은 거예요. 톨스토이가 자비로 출판해서 무료로 나누어 주었지요.

단편집에 실린 작품 제목을 보면 '바보 이반', '사람은 무엇으로 사는가', '사람에겐 얼마만큼의 땅이 필요한가', 이렇습니다. 여러분, 사람에게는 얼마만큼의 땅이 필요할까요? 이 단편을 보면 톨스토이

▲ 모스크바에서 영지 야스나야 폴랴나까지 도보 여행 중인 톨스토이의 모습.

가 하고 싶었던 말이 무언지 알 수 있습니다.

내용은 이렇습니다. 어떤 사람이 땅을 준다고 합니다. 돌아다니면서 표시를 해 두면 그만큼의 땅을 준다는 거예요. 유일한 조건은 해지기 전에 돌아와야 한다는 것. 안 그러면 무효예요. 어려울 게 없죠? 문제는 땅 받을 사람이 너무 욕심을 부렸다는 거예요. 좀 더 많은 땅을 차지하려고 무리를 해요. 욕심내서 너무 멀리까지 갔는데 해지기 전에 헐레벌떡 돌아오다가 결국 심장마비로 죽어요. 장례를 치르지요. 마지막 문장이 이렇게 끝납니다. "일꾼은 구덩이를 팠다. 그 구덩이의 길이는 머리끝에서 발끝까지 2미터에 불과했다."

이 이야기나 아니면 한없이 베풀기만 하는 바보 이반의 이야기를 통해 톨스토이가 하고 싶었던 말은 뭘까요? 명료하지요. 욕심내지 마라, 자기만을 위하지 말고 이웃과 형제를 위해 나누며 살아라, 톨스토이는 말년 작품에서 늘 그런 메시지를 강조합니다. 탐욕을 버려라, 남의 것을 빼앗지 말라, 나쁜 짓에 나쁜 짓으로 맞서지 말라, 조건 없이 사랑하라, 폭력을 쓰지 마라….

굉장히 종교적인 냄새가 나지요? 이웃을 사랑하라, 남의 것을 탐하지 말라, 누가 빰을 치면 다른 빰도 내주어라…. 신이 인간에게 지켜야 할 규범을 주었듯이, 톨스토이도 평화와 행복을 위한 삶의 규범을 사람들에게 알리고 싶었던 거예요. 톨스토이에게 종교는 죽음 후, 내세나 영생을 위한 것이 아니라, 현재 내가 살고 있는 삶, 그 삶을 제

대로 사는 방법이었어요.

톨스토이는 평화 사상가이자 운동가의 공로를 인정받아 노벨 평화상 후보에 네 차례나 오릅니다. 노벨 문학상 후보로는 무려 열여섯 번이나 오르고요. 그런데 한 번도 상을 못 받아요. 왜 그랬을까요? 당시 노벨상 선정 위원회 최종 결정문은 이유를 다음과 같이 말합니다. "톨스토이가 훌륭한 사람인 것은 맞다. 작품도 좋다. 그런데 톨스토이의 이상주의는 건전하지 않다."

톨스토이의 작품이 보내는 메시지와 그의 사회 활동이 어떤 사람들에게는 불편했던 거예요. 톨스토이는 국가와 교회의 권위를 부정합니다. 심지어 스스로 대지주였으면서 사적 소유도 부정해요. 여러분이 당시 노벨상 선정 위원이라고 한번 생각해 보세요. 국가도, 종교도, 사적 소유도 모두 부정하는 사람을 세계가 모범으로 삼아야 할 노벨상 수상자로 뽑기가 쉬울까요? 너무 '불순'하지 않나요? 아무리 작품이 좋고 평판이 좋다고 해도 선뜻 이 사람을 뽑읍시다, 라고 말하기 어려웠을 겁니다.

비폭력과 평화를 외치다

그럼 당대 기득권층을 불편하게 했던 톨스토이의 사상을 좀 자세히 살펴볼까요? 먼저 그의 사상을 몇 가지로 간단하게 요약해 보겠습니다.

첫 번째로 살펴볼 것은 비폭력주의입니다. 톨스토이는 비폭력과 무저항을 말했습니다. 하지만 이게 악에 맞서지 말라는 말은 결코 아닙니다. 오히려 그는 항상 악과 싸워야 한다는 점을 분명히 했지요. 다만 절대 폭력을 써서는 안 된다고 했습니다. 여러분은 어떻게 생각하세요? 우리는 일반적으로 '비폭력'이라는 가치에 동의합니다. 비폭력에 반대하시는 분 손 한번 들어 보세요. 네, 없습니다. 그럼 질문을 바꿔서요. 어떤 경우든 폭력은 안 된다고 생각하시는 분? 생각이 나뉘지요? 어떤 분은 경우에 따라 폭력이 필요하다고 생각합니다. 이른바 '정의로운 폭력'이 그것이지요.

비폭력주의에도 여러 갈래가 있습니다. 보통은 정당방위 정도는 허용하는 경우가 많지요? 예를 들어 누가 나를 칼로 찌르려고 해요. 그러면 막아야 하잖아요. 말로 됩니까? 손을 붙잡든, 때리든 해서 일단 제압해야 합니다. 이건 정당방위거든요. 보통 그 정도의 폭력은 인정할 수 있다고 생각하거든요. 그런데 톨스토이는 조금 더 극단적입니다. 그런 식의 정당방위라도 폭력은 안 된다는 거지요.

두 번째는 국가에 대한 부정이에요. 톨스토이는 국가를 악(惡)으로 보았습니다. 그가 보기에 국가는 인간이 인간에 대해 저지르는 폭력을 정당화하는, 일종의 합법적 폭력 기구였습니다. 그래서 톨스토이

는 국가가 사라져야 한다고 생각했어요. 톨스토이가 살던 때는 애국심, 민족주의, 신에 대한 믿음이 매우 중요한 가치였습니다.

예컨대 지금 우리나라에서 애국심, 민족주의를 비판하면 어떨까요? 우리나라는 일제 강점기를 거쳤잖아요. 무엇보다도 국가가 없었던 시절을 겪었기에 국가를 위해 개인이 희생하는 걸 높이 평가합니다. 독립운동이 그렇지요. 나라를 위해 희생한 사람을 기리고 그들의 애국심을 가르치는 상황에서 누군가 이걸 부정한다고 해 봐요. 당장 이기적인 사람, 배신자로 생각하지 않을까요? 국가주의가 많이 약해지긴 했지만, 아직도 우리 사회에는 이런 분위기가 남아 있습니다.

당시 러시아는 이보다 훨씬 심했어요. 그런데 톨스토이는 국가를 부정했어요. 심지어 그는 애국심 때문에 전쟁이 생긴다고 했어요. 자기 나라만 위하다 보니 전쟁이 생기는 거다, 그러니 애국심과 민족주의를 거부해야 한다고 말했어요.

톨스토이가 생각하는 애국심과 여러분이 생각하는 애국심이 서로 다를 수 있어요. 국가가 무조건 악이라고 볼 수도 없고요. 게다가 인간인 이상 자기 나라에 애정을 안 가질 수가 없어요. 어쩌면 톨스토이 스스로도 애국심을 느낀 순간이 있었을지도 모릅니다. 실제 그런 고백을 한 적도 있고요. 나도 아직 애국심을 극복 못 했다, 라고요. 다만, 톨스토이의 이러한 지적이 오늘날 의미 있게 다가오는 부분은 있어요. 특히 오랫동안 군사 독재에 시달리면서 애국심을 강요당한

톨스토이는 국가를 악(惡)으로 보았습니다. 그가 보기에 국가는 인간이 인간에 대해 저지르는 폭력을 정당화하는, 일종의 합법적 폭력 기구였습니다. 그래서 톨스토이는 국가가 사라져야 한다고 생각했어요.

우리 상황에서는 그의 비판을 곱씹어 볼 필요가 있습니다.

민족주의에 대해서도 그래요. 민족주의가 긍정적인 역할을 할 때도 있어요. 그러나 때로 평화와 공존에 걸림돌이 됩니다. 무조건적인 애국이나 민족주의 대신 그러한 가치가 누군가의 인권을 침해하지는 않는지, 평화를 해치는 결과를 낳지는 않는지 살펴보아야 해요. 톨스토이도 아마 그런 부분을 지적하고 싶었을 겁니다.

세 번째는 소유 질서에 대한 비판입니다. 톨스토이는 소유권이 인간에 대한 인간의 착취를 합법화한다고 생각했어요. 소유권은 자본주의 사회의 근간이 되는 권리입니다. 지금도 마찬가지지요. 소유권은 여전히 건드려서는 안 되는 불가침의 영역이에요. 문제는 불평등입니다. 한국 사회는 빈부 격차가 매우 심해요. 부자는 더 큰 부자가 되고 가난한 사람은 더욱 가난해집니다. 게다가 이러한 부의 편차는 대물림되고요. 가난한 집에서 태어난 사람이 부자가 되기는 힘들잖아요. 톨스토이가 살았던 시대도 그랬나 봅니다. 그는 이런 현실을 바꾸기 위해 불평등한 소유 제도에 반대하고 이를 근간으로 하는 자본주의에 반대했어요.

네 번째로 살펴볼 것은 그의 종교관입니다. 톨스토이는 기성 종교가 사회적 폭력을 신의 이름으로 정당화한다고 보았습니다. 당시 러시아는 러시아 정교를 국교로 하고 있었습니다. 톨스토이가 보기에 이들은 지금의 사회 질서를 신의 법칙으로 인정하고 가난을 받아들이도록 설득하는 역할을 했습니다. 가난은 신의 뜻이다, 가난할수록 나중에 선택받는다, 그러니 가난을 기쁘게 받아들이라. 이런 믿음이 널리 퍼져 있는 한 부조리한 사회 질서를 바꾸기 어렵다고 톨스토이는 생각했어요. 그래서 여기에 반대한다는 뜻을 분명히 했지요.

이러한 것들이 톨스토이 사상의 핵심이라고 할 수 있습니다. 평화운동가로서 그는 이러한 생각을 적극적으로 실천합니다. 국가를 부정하고, 소유제에 반대하고, 비폭력과 전쟁 반대를 외칩니다. 어떤 경우에든 폭력은 안 되고, 저항도 평화적이어야 한다고 말해요. 말은 쉽지만 실천하기란 매우 어려운 일이지요.

톨스토이는 평생 차르 정부와 대립하면서 싸웁니다. 군대와 경찰의 해산을 말해요. 폭력을 노골적으로 허용하는 가장 대표적인 국가기구니까요. 사람들에게 군대에 가지 말라고 합니다. 심지어 톨스토이는 재판도 반대했어요. 왜 그랬을까요?

여러분 사형 제도를 둘러싼 논란이 아직도 있지요? 어떤 사람들은 찬성하지만 또 어떤 사람들은 반대합니다. 반대론자들은 인간이 인간에게 죽음을 선고할 수 없다는 것을 이유 중 하나로 듭니다. 톨스토이도 사형 제도를 반대했어요. 그런데 여기서 한 걸음 더 나아가서, 판사가 판결을 내리잖아요. 너는 감옥을 몇 년 가라, 너는 감옥에 좀 더 오래 있어라, 이런 행위도 반대합니다. 톨스토이는 인간이 인간을 재판할 수 없다고 생각했어요.

당시 러시아에서는 죄인들을 강제 노역시켰습니다. 소설 『부활』에도 그런 내용이 있는데, 멀리 시베리아 같은 유형지로 보내서 강제로 일을 시켜요. 톨스토이는 이런 것이 모두 국가에 의한 폭력이라고 생각했습니다. 그래서 톨스토이는 사법 제도 자체를 인정하지 않았어요. 러시아 정부가 이런 주장을 반길 리 없죠? 차르를 비롯한 러시아 권력자들에게는 눈엣가시 같은 존재였습니다. 다만 세계적으로 유명한 인물이었기에 함부로 하지 못했을 뿐이에요. 러시아 정교회는 톨스토이를 파문했고, 정부는 비밀 요원을 시켜 감시했습니다. 톨스토이는 반교회, 반소유제, 반국가주의 때문에 굉장히 탄압을 많이 받았어요.

톨스토이가 본격적인 평화 운동가로 활동한 말년에 그가 낸 책은 거의 다 러시아에서 출판이 금지됐어요. 불온한 서적이기 때문에 사람들이 읽으면 안 된다고 했던 거예요. 그래서 늘 외국에서 먼저 나왔지요. 사람들은 다른 나라에서 나온 책을 몰래 유통하는 식으로 돌려봤습니다.

톨스토이가 처음부터 이렇게 사회 운동가로 활동한 건 아니에요. 톨스토이가 평화 운동을 시작한 건 50세 이후부터예요. 당시 톨스토이는 커다란 정신적 위기를 겪고 나서 큰 깨달음을 얻습니다. 그때부터 평화 사상을 전파하고 직접 이를 실천해요. 그 후 82세에 삶을 마감하기까지 활발히 활동합니다. 지금까지 톨스토이의 사상과 그 행적을 간단히 말씀드렸어요. 그렇다면 그는 왜 이토록 평화와 비폭력을 주장했던 걸까요? 이를 이해하기 위해서라도 그의 삶으로 좀 더 들어가 보도록 하죠.

톨스토이의 양면성과 새로운 신앙

톨스토이는 매우 복잡한 인간이었어요. 내적으로 많은 갈등을 겪었지요. 극단적으로 반대되는 성향이 톨스토이 안에 있었고, 이는 그의 삶에 커다란 갈등 요소가 됩니다. 어떻게 보면 그의 삶은 상당히 모순적인 양면성을 보여 줍니다.

톨스토이가 반국가주의를 주장했다고 말씀드렸지요? 그런 그가 사실은 장교 출신이에요. 젊었을 때는 군인으로 캅카스 전쟁, 크림 전쟁에 참전해요. 혁혁한 공을 세워 훈장까지 받습니다. 애국자도 보통 애국자가 아니었지요. 당시 귀족들은 전쟁에 참여하는 것을 명예로운 일로 여겼습니다. 특히나 톨스토이의 집안은 러시아 3대 귀족 가문 중 하나였어요. 명문가 중 명문가였기에 당연히 장교가 되어 참전했던 겁니다. 그러다가 나이가 들면서 반국가, 반전주의로 돌아서지요. 러일 전쟁이 벌어졌을 때는 이를 강하게 반대합니다.

톨스토이는 민중들을 너무너무 사랑했어요. 귀족 출신임에도 그들

이 처한 현실에 마음 아파했어요. 민중들은 따로 무언가를 배울 필요가 없다고 생각했어요. 천성대로만 살면 법이나 신의 뜻을 위반할 일이 없는 사람들이라고 생각했기 때문입니다. 오히려 지식인들이 그런 그들의 삶을 배워야 한다고 봤지요. 민중의 어떤 자연성, 타고난 인간의 본성에 대한 신뢰가 있었던 겁니다.

그러면서 한편으로는 민중들을 가르치고자 했습니다. 앞서 말씀드렸듯이 농민과 아이들을 위한 동화나 우화를 썼어요. 매우 이성적인 계몽주의자의 면모를 보입니다. 톨스토이는 종교조차도 인간의 이성에 의해 이해 가능한 것만 종교로 인정할 수 있다고 했어요. 그래서 아예 새로운 종교를 창설합니다. 즉, 한편으로 민중의 자연적 본성을 신뢰했으면서도, 다른 한편으로는 이성적 기독교 신앙을 만든 거예요.

톨스토이는 젊었을 때 아주 방탕한 생활을 했습니다. 술은 물론 도박에도 손을 댄 바람둥이였거든요. 그러다 어느 순간 딱 끊어요. 술도, 담배도, 고기도 딱 끊고, 바람도 안 피워요. 매우 금욕적인 생활을 하지요. 그런데 예순 살에 열세 번째 아이를 얻었어요. 갈피가 잘 안 잡히지요. 특히 육체적 욕망은 일평생 톨스토이를 괴롭힌 문제였어요. 아주 양면적인 본성이 함께 공존해서, 이런 것 때문에 본인도 평생 엄청 마음고생을 합니다.

톨스토이의 인생은 50대를 전후로 극적으로 뒤바뀝니다. 정신적

위기를 겪고 나서 지난 삶을 반성하는 책을 쓰지요. 그러고 나서 새로운 삶을 살겠다고 선언합니다. 그 후의 톨스토이가 바로 지금 우리가 얘기를 나누고 있는 평화의 사도 톨스토이예요. 금욕주의자에 반전, 반국가, 비폭력주의자로서의 면모를 보여 줍니다. 잠깐 그가 쓴 『참회록』(1882년)의 한 대목을 보겠습니다.

나는 전쟁에서 사람들을 죽였으며, 죽이기 위해 결투를 신청하곤 했고, 카드 도박에 져서 돈을 잃기도 했다. 또한 나는 농부들의 노동의 열매를 먹어 치우고, 그들을 괴롭히고, 음탕한 생활을 하고 사람들을 속이곤 했다. 거짓, 도둑질, 온갖 종류의 간통, 폭음, 폭행, 살인…, 내가 저지르지 않은 범죄는 없었다.

여러분도 지금까지와는 다른 삶을 살겠다고 결심할 때가 있지 않나요? 아직 없다 해도, 언젠가 그런 순간을 맞닥뜨리게 될지 모릅니다. 톨스토이는 그게 50대에 찾아온 거예요.

이때 상황이 얼마나 심각했느냐면, 톨스토이가 사냥을 좋아했는데 사냥총으로 자살할까 봐 사냥을 나가지 못할 정도였어요. 안방에 장롱이 있는데 혹시라도 거기 목을 맬까 봐 치우라고 합니다. 매일매일 자살 충동에 시달릴 정도였습니다. 이유가 뭘까요?

그의 삶은 매우 순탄했습니다. 이미 20대 때부터 러시아에서 유명

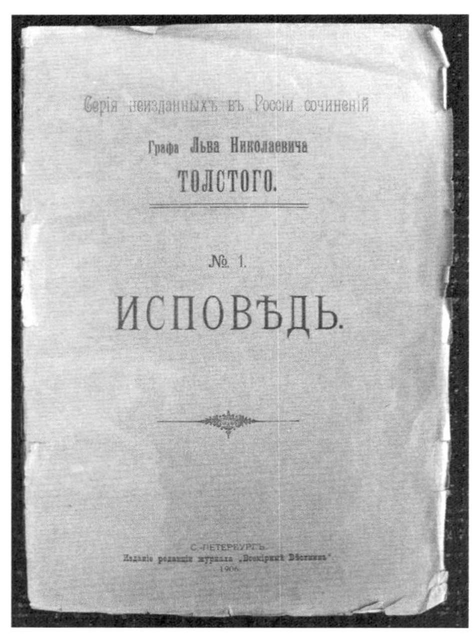

▲ 톨스토이가 쓴 <참회록> (1906년).

한 작가였고요. 35세 때 『전쟁과 평화』 집필을 시작해서 매일 8시간 정도씩 7년을 작업합니다. 그렇게 탈고한 책으로 세계적인 명성을 얻어요. 이어서 출간한 『안나 카레니나』도 큰 호응을 얻습니다. 그 뒤에는 매우 헌신적인 부인이 있었어요. 톨스토이의 부인인 소피아는 열여섯 살 연하였어요. 자식을 8명이나 낳고 살았지요. 『전쟁과 평화』를 쓸 때는 일일이 손으로 베낍니다. 톨스토이가 엄청난 악필이라 자기 글씨를 자기도 못 알아봤거든요. 소피아는 무려 2000페이지에 달하는 원고를, 그것도 일곱 번씩이나 옮겨 쓰는 걸 마다하지 않았지요. 가정에서나 일에서나 최고의 반려자였던 거예요. 그런 행복한 가정을 꾸리고 살았어요. 게다가 돈도 많았습니다. 톨스토이는 10대 때부터 지주였어요. 엄청나게 넓은 땅과 저택에 살았습니다. 거기에 딸린 하인과 소작농 수만 해도 어마어마했고요. 정말 모든 사람들이 부러워할 만한 그런 위치에 있었습니다.

그런데 어느 날 전혀 예기치 않은 순간 삶의 회의가 찾아옵니다. 죽음이란 무엇인가, 나는 왜 살아 있는가, 내 삶이 의미 있으려면 나는 어떻게 살아야 하는가, 이런 고민에 빠져요. 답을 찾지 못해 방황합니다. 글을 쓰는 것도, 밥을 먹는 것도 모두 무의미하다는 생각에 빠져요. 매일 죽고 싶다는 생각만 합니다. 그러다가 출구를 새로운 신앙에서 찾게 됩니다. 그런데 여기서 찾은 신앙이란 당시의 러시아 정교가 아닙니다.

톨스토이는 참된 신앙의 뿌리를 농부들의 건강한 삶에서 찾습니다. 정직한 노동, 소박하고 절제된 삶, 겸손과 인내, 배려와 이웃 사랑 등이야말로 최고의 종교적 가치라고 생각해요. 톨스토이는 국가에서 믿으라는 종교는 철저하게 폭력적이고 기만적이라고 생각했어요. 그가 보기에 당시 러시아 정교는 매우 독선적이었습니다. 자기만 옳다고 주장해요. 다른 종교를 깡그리 무시합니다. 겸손하라는 하느님의 말씀을 스스로 어기고 있다는 거예요.

또 하나, 톨스토이가 보기에 전쟁을 정당화하는 종교는 종교가 아닙니다. 군인들이 출병할 때, 교회가 나서서 그들을 축복해요. 이기고 오라며 사기를 북돋습니다. 이게 종교가 할 일인가요? 군대가 뭡니까? 사람을 죽이는 게 목적이잖아요. 그런 군대를 축복하는 게 과연 살인을 금하는 종교인으로서 할 일인가? 하는 의문을 품은 거예요. 이런 당시 교회의 행태에 불만을 품었던 톨스토이는 결국 스스로 새로운 종교를 만듭니다.

톨스토이의 종교 철학은 기존의 종교가 가진 신비주의를 배격합니다. 신비로운 계시나 초월적 신에 대한 관계를 부정해요. 그런 의미에서 톨스토이는 예수가 신의 아들이 아닌 사람의 아들이라고 해석해요. 부활이나 구원이라는 개념도 부정합니다. 성경에는 예수의 부활을 기록하고 있잖아요. 그런데 이는 이성적으로 불가능한 사건입니다. 죽은 사람은 결코 다시 살아날 수 없어요. 그래서 톨스토이는 예수의 부활도 부정합니다. 당연히 내세의 구원이나 속죄나 영생 같은 개념도 없앱니다. 대신 종교가 '현세의 삶'을 위한 지침이자 규칙이어야 한다고 주장해요. 이러한 사상은 『나는 무엇을 믿는가』(1884년), 『교리신학연구』(1891년), 『종교란 무엇이며, 그 본질은 무엇인가』(1902년)에서 찾아 볼 수 있습니다.

톨스토이는 이성적으로 설명되지 않는 종교적 개념들을 배격했습니다. 믿지 못할 얘기들, 기적에 대한 약속들, 이런 것들이 민중을 현

혹시킨다고 보았어요. 성직자들이 자신을 민중들과 구분하고 특권화하기 위한 속임수라고 생각했습니다. 톨스토이는 이런 허상들을 걷어내고 초기 기독교 정신을 회복하자고 합니다. 대표적으로 4대 복음서(마태, 마가, 누가, 요한 복음)와 예수의 산상설교, 5계명을 들고 있어요. 여기서 5계명이 뭘까요? 화내지 말라, 간음하지 말라, 맹세하지 말라, 악에 폭력으로 저항하지 말라, 적을 내 몸처럼 아끼라, 이런 규범을 되살리자는 이야기입니다. 특히 톨스토이는 마태복음에 나오는 다음의 말씀이 가장 중요하다고 역설해요. "무엇이든 남에게 대접받고자 하는 대로 너희도 남을 대접하라." 무슨 이야기입니까? 내가 맞기 싫으면 다른 사람도 때리지 말고, 내가 배고프기 싫으면 다른 사람도 배고프게 하지 말고, 내가 존중받고 싶으면 다른 사람도 존중하라는 거예요. 그는 이를 '사랑의 법칙'이라고 합니다. 그리고 이 정도만 알면 충분하다고 했어요. 나머지는 별로 중요하지 않다고 말해요. 정말 파격적인 주장이지요?

톨스토이는 다른 종교에 대해서도 공부를 많이 한 사람이에요. 그래서 불교나 이슬람교에 대해서도 잘 알고 있었습니다. 그가 보기에 기독교가 아닌 다른 종교들도 나름대로 가치가 있었습니다. 그럼에도 굳이 기독교를 외친 이유는 기독교가 '사랑'을 최고의 덕목으로 삼았기 때문이에요. 예를 들면 불교에서도 사랑이 중요하긴 한데, 어쨌든 제1의 덕목은 자비잖아요. 근데 기독교는 "믿음, 소망, 사랑 중

에 제일은 사랑"이라고 해서 사랑을 최고의 율법으로 했습니다. 톨스토이는 사랑이야말로 "우리 행동의 유일한 동기이자, 어떠한 예외도 허용하지 않는 최고의 율법"이라고 했어요. 그만큼 사랑을 최고의 가치로 생각한 거예요.

톨스토이는 이렇게 기존 종교를 부정하고 예수의 가르침과 사랑의 법칙만 남겨 놓은 새로운 기독교를 창설합니다. 그러니 어떻게 되었겠어요. 러시아 사회가 발칵 뒤집힙니다. 톨스토이는 결국 러시아 정교회에서 파문당해요. 1901년 2월 24일의 일입니다. 그게 러시아 신문에 대문짝만하게 실립니다. 당시 파문을 결정한 최고 종교회의 결정문 일부를 볼까요?

새로이 거짓 설교자 톨스토이 백작이 나타났다. (…) 오만한 이성에 유혹되어 대담하게도 신과 그의 아들 예수, 그 신성에 거역하고, 자신을 먹이고 키워 준 어머니 정교회를 모두 앞에서 명백하게 버렸으며 (…) 광신자의 질투심으로 그는 정교회의 모든 교리를 전복하고 (…) 따라서 그가 회개하고, 교회와의 교제를 회복하지 않는 한, 교회는 그를 자신의 일원으로 간주할 수 없다.

여기에 대한 톨스토이의 반론은 이렇습니다. 본인은 러시아 정교를 버린 게 맞지만 신을 거역해서가 아니다. 신을 정말 제대로 섬기기 위해서 버렸다. 그러면서 지금의 국가와 교회가 사람들에게 주는 가르침은 "너무나 교활하고 해로운 거짓"이라고 주장합니다.

러시아 정부는 이를 심각하게 받아들입니다. 종교적 차원을 떠나 국가에 대한 반역으로 보지요. 당시 러시아에서는 노동자를 비롯한 민중들의 저항이 거셌습니다. 이후 1917년에는 최초로 사회주의 혁명이 일어나면서 러시아의 군주제는 무너집니다. 이는 주변 국가들에 영향을 미치면서 동유럽은 물론 몽골, 중국, 북한 같은 아시아 나라들도 사회주의 국가가 되지요. 그러면서 세계가 자본주의와 사회주의로 양분됩니다. 그 시작이 바로 러시아였어요. 톨스토이가 살던 시대는 제정 러시아가 뒤집히기 직전이었습니다. 그런 상황에서 톨스토이가 국가의 공식적인 종교를 거부하고, 그 이유를 나쁜 국가에 돌렸으니 당연히 사회주의 혁명 운동과 관련이 있다고 생각했던 거예요.

그러나 톨스토이는 동기가 달랐어요. 톨스토이는 기독교의 원리인 사랑을 강조했습니다. 사랑과 공존할 수 없는 폭력이 국가의 기본 토대라고 생각했고요. 그러니 당연히 국가를 거부할 수밖에 없었던 겁니다.

국가 폭력에 맞서다

여러분, 한번 생각해 보세요. 국가는 기본적으로 사법 제도로 유지됩니다. 규칙을 만들어서, 지키지 않는 사람을 처벌해요. 국가를 유지하려면 돈도 있어야 합니다. 조세 제도를 통해 사람들에게 돈을 걷지요. 또한 경찰과 군대를 둡니다. 이건 어느 국가든 마찬가지에요. 국가를 유지하는 기본 틀입니다.

그런데 톨스토이가 보기에 현행 사법 제도는 형제가 형제를 잡아들여 심판하고 감옥에 가두거나 때로는 목숨까지 없애 버리는 제도였어요. 이건 정말 폭력이라는 겁니다. 도대체 누가 무슨 권리로 한 인간의 고귀한 생명을 좌우하는가, 생각한 거죠. 지금은 과거와 달리 사법 제도도 현대화되어 일방적으로 사람을 가두거나 죽이지는 않아요. 하지만 불합리한 부분은 여전히 존재합니다. 어떤 사람은 아주 가벼운 죄를 저질렀는데 감옥에 가고, 또 어떤 사람은 아주 중한 죄를 저질러도 멀쩡하게 길거리를 활보하잖아요. '유전무죄'라는 말이 나옵니다. 잘못된 판결로 고통받는 사람들도 간혹 방송에 나오지요? 그 누구에게도 해를 끼치지 않는 행위, 즉 양심과 사상을 법이라는 이름으로 심판하기도 합니다. 그럴 때마다 의문이 들지 않나요? 과연 법은 완벽한가? 법이 인간의 생각을 심판할 수 있는가? 저 판사는 한 사람에게 사형을 선고할 수 있을 정도로 자기 삶에 떳떳한가? 그는 죄가 없는가? 그의 죄는 누가 심판하는가?

톨스토이는 이런 의문을 극단까지 밀고 갑니다. 그리고 결론을 내리죠. 인간이 인간을 심판할 수 없다. 그건 또 다른 폭력이다.

조세 제도도 마찬가지로 모순투성이였습니다. 일단, 공평하지 않았어요. 지금 우리나라도 형평성 문제가 항상 제기되잖아요. 돈 많은 사람은 갖은 수단을 써서 세금을 피해 갑니다. 평범한 사람들, 열심히 일하는 사람들만 세금을 정직하게 내요. 과거에는 이런 현상이 더 심했겠지요. 톨스토이가 보기에 당시의 조세 제도는 한 줌의 부자가 가난한 전체를 갈취하는 제도에 불과했습니다.

톨스토이가 제일 문제 삼았던 것은 '병역'이었습니다. 톨스토이는 이를 형제가 다른 형제한테 살인 기술을 가르쳐서 다른 형제를 죽이라고 내모는 거라고 봤어요. 경찰이든 군대든 그렇다고 생각했습니다. 군대의 목적은 무엇입니까? 바로 전쟁에 대비한 거고, 전쟁은 곧 살인을 뜻합니다. 합법적인 살인이 전쟁이죠.

톨스토이가 보기에는 사법과 조세, 병역, 이 세 개가 국가를 유지하는 기본 틀인데, 어느 것 하나 폭력에 기반하지 않은 게 없었습니다. 따라서 국가는 없어져야 한다고 주장했어요. 그런 국가는 그저 폭력 집단에 불과했기 때문입니다. 그의 이런 생각은 『하느님 나라는 너희 가운데에 있다』(1893년), 『국가라는 미신』(1910년), 『폭력의 법칙과 사랑의 법칙』(1908년) 등에 잘 나타나 있습니다.

그렇다면 국가를 어떻게 없앨 것인가 하는 문제가 생기겠지요. 톨스토이가 살던 시대에 러시아는 혁명기였지요. 혁명은 지금의 국가 체제를 전복하자는 겁니다. 그럼 톨스토이도 여기에 찬성했을까요? 아닙니다. 오히려 그는 당시 러시아를 휩쓸던 혁명 운동에 반대했어요.

그때 러시아에서는 테러가 많이 일어났는데요, 테러는 나쁜 것이지요? 하지만 안중근 의사는 어떨까요? 역사적으로 테러는 매우 상대적인 개념이라, 불의에 맞서 싸우는 것도 반대편에서 보기에는 테러일 수 있지요. 실제로 그 당시 많은 나라에서 핍박받던 사람들이 테러를 수단으로 싸웠습니다. 일제 강점기에 우리나라도 그랬죠. 안중근 의사처럼요. 정국이 불안정했던 당시 러시아에서는 폭력적인 저항 운동이 매우 많았습니다. 대표적인 게 러시아 황제 알렉산드르 2세 폭탄 테러 사건입니다. 마차를 타고 가던 황제가 테러리스트들이 던진 폭탄을 맞고 사망해요. 그런데 아이러니하게도 그 황제는 러시아의 농노 제도를 없앤 인물이었어요. 별명이 "해방자 황제"였습니다. 그런 인물이 혁명가가 던진 폭탄에 죽은 거예요.

톨스토이는 이런 폭력에 단호히 반대했습니다. 국가를 반대하더라도 테러는 안 된다고 했지요. 이유는 두 개였습니다. 하나는 국가를 반대하는 이유가 국가가 폭력으로 유지되기 때문인데, 이를 또 다른 폭력으로 없앤다는 건 말이 안 된다는 거였어요. 국가의 폭력과 여기에 맞서는 폭력은 서로 다를 바가 없다는 겁니다. 톨스토이는 폭력을 없애기 위해 폭력을 휘두르면 더 큰 폭력이 일어날 수밖에 없다고 주장했어요.

두 번째 이유는 폭력이라는 수단이 전혀 효과적이지 않다고 보았기 때문이었습니다. 앞서 황제를 죽였지만, 또 다른 황제가 바로 즉위했어요. 톨스토이가 보기에 폭력으로 한두 사람을 처단하는 것은 아무 의미가 없었습니다. 대신 그 '사회 구조'에 반대하라고 말해요. 그 방법으로 다음을 제안합니다.

첫 번째로 공직 거부입니다. 톨스토이는 사람들에게 공무원이 되지 말라고 했어요. 국가에서 시키는 일을 하지 말라는 겁니다.

두 번째는 납세 거부입니다. 사람들이 내는 세금은 어디로 가나요? 국가를 유지하는 데 쓰이죠. 그 돈으로 전쟁하고, 그 돈으로 무기 삽니다. 그러니 세금을 내지 말라고 했어요.

세 번째는 공권력에 의지하지 말라는 거예요. 재판 같은 것도 하지 말고, 경찰이나 군대에 의지하지도 말라고 해요.

마지막으로 제일 강조한 원칙이 병역 거부였어요. 톨스토이가 보기에 국가의 가장 큰 문제는 군대와 경찰이었어요. 실질적으로 폭력을 쓰는 집단이잖아요. 톨스토이는 진정한 신앙인, 진정 예수를 믿는 사람은 군대를 가지 말아야 한다고 했어요.

러시아에는 1874년에 국민 개병제가 도입됩니다. 이제 러시아의 모든 성인 남자들이 의무적으로 군대에 가게 된 거예요. 톨스토이는 이

를 두고 '국민 개병제야 말로 근본적인 악'이라고 말하며 온 국민이 일어나서 저항해야 한다고 말합니다. 정부는 병역을 거부하는 사람들을 혹독하게 탄압해요. 데려다가 고문하고 시베리아 같은 데 끌고 가서 강제 노동을 시킵니다. 그러면 어떻게 됩니까? 아버지나 아들이 잡혀가면 그 가족들은 다 굶어 죽는 거예요. 톨스토이는 그런 사람들에게 생활비를 지원하는 등 굉장한 노력을 기울여요. 러시아에서 1919년, 영국과 덴마크에 이어 세계에서 세 번째로 종교적 신념에 의한 병역 거부를 인정하는 법이 통과돼요. 이 법을 통과시킨 사람이 바로 톨스토이의 비서였어요. 이때는 톨스토이가 죽은 후였습니다. 톨스토이 사상을 실천하려고 노력했던 인물이 이 법을 통과시키는 데 중요한 역할을 해요. 당시로서는 매우 선진적인 법이었습니다. 비록 7년 후 스탈린이 정권을 잡으면서 폐기되기는 했지만 말이죠.

우리는 어떻습니까? 한국 사회에서 병역은 아직도 불가침의 영역이지요. 아무리 종교적 신념이나 양심이 이유라고 해도, 국민 정서상 병역 거부는 용납이 안 됩니다. 그런 의미에서 약 100년 전, 사회주의 러시아에서 양심적 병역 거부를 허용했다는 점은 우리에게도 시사하는 바가 큽니다.

자, 다시 국가에 대항하는 톨스토이의 전략으로 돌아가 보면, 징집 거부, 납세 거부, 공직 거부 등, 이런 방법들을 제시했어요. 그러면서 유혈 혁명이나 테러 같은 폭력적 수단을 철저히 비판했어요. 그런데 러시아는 사회주의 혁명으로 무너집니다. 그 주역은 바로 레닌이었지요. 그래서 두 사람 사이가 좋지 않았습니다. 1차 러시아 혁명이 실패하자, 사회주의 혁명에 반대하고 폭력 혁명에 반대한 톨스토이 때문이라고 했을 정도였습니다. 레닌은 작가로서의 톨스토이는 전폭 인정했지만, 평화 사상가로서는 "심약하고 무기력한 무저항 설파자"라고 비난했어요. 그런데 정말 비폭력 저항이 무기력하기만 한 걸까요?

세금 안 내고, 징집 거부하는 것은 절대 쉬운 일이 아닙니다. 지금 우리나라에서 병역 거부하면 어떻게 됩니까? 감옥 가지요? 취직도 못 합니다. 정상적인 삶을 살 수가 없어요.* 당시 러시아는 훨씬 더 심했겠지요. 그렇게 사는 게 어떻게 보면 폭력을 쓰는 것보다 훨씬 어려워요. 그런 의미에서 저는 톨스토이가 그 어떤 혁명가보다 과격하고, 근본주의적이고, 절대적인 평화주의자라고 생각합니다.

톨스토이는 악과 싸우기 위해 무언가를 하라는 게 아니라, '하지 말라'고 말한 사람입니다. 그는 인류의 비극이 뭔가를 안 해서라기보다는 뭔가를 지나치게 많이 해서 생긴다고 생각했어요. 그래서 그의 대안은 항상 '무언가를 하지 않음'이었습니다. 군대 안 가고, 세금 안 내고, 폭력을 휘두르지 말고…, 그 결과 닥쳐올 고난과 탄압을 고스란히 감내하라는 거예요. 어떠한 고난과 희생을 감수하더라도 폭력

---

* 이에 대해 2018년 6월 28일 헌법재판소는 2019년까지 대체 복무제를 도입하라고 판시했다.

만은 안 된다는 게 톨스토이의 평화 사상이에요.

그는 이를 실천하기 위해 솔선수범합니다. 전 재산을 사회에 환원할 계획까지 세웠고요. 그러나 가족들의 격렬한 반대로 무산됩니다. 그래서 결국 어마어마한 재산을 부인 명의로 옮겨요. 어쨌든 자기는 소유하고 싶지 않았던 거예요. 또 이런 일도 있었습니다. 러일 전쟁 때, 자기 나라 전쟁임에도 톨스토이는 당장 전쟁을 중단해야 한다고 주장합니다. 사람들에게 절대 전쟁에 동조하지 말라고 당부해요. 그런데 정작 그의 아들이 참전합니다. 그것도 자원해서요. 당시 사람들에게 이 모든 일들이 가십거리가 됩니다. 사람들이 톨스토이를 비웃었지요. 신문에 톨스토이를 조롱하는 만평이 실리기도 합니다. 자신의 뜻과 달라도 너무 다른 가족들 때문에 톨스토이의 말년은 너무나 불행했어요. 평생 사이가 좋았던 부인과도 말년에 멀어집니다. 당시 일기를 보면 부인에 대한 증오와 연민이 적나라하게 드러납니다. 불쌍하다, 혐오스럽다, 고통스럽다, 역겹다, 참담하다, 죽고 싶다는 말들이 수없이 나옵니다.

결국 톨스토이는 집을 나와요. 그리고 어느 작은 기차역에서 죽음을 맞이합니다. 톨스토이가 모든 저작권을 사회에 환원한다는 유언장을 부인 몰래 썼거든요. 이 사실을 부인이 알게 되고 심하게 다툽니다. 참다못한 톨스토이는 짧은 메모 한 장을 부인에게 남기고 가출합니다. 이때 그의 나이가 82살이었어요. 그리고는 열흘 만에 길 위에서 죽습니다. 그게 1910년입니다.

톨스토이가 작은 마을의 역사(驛舍)에 의식을 잃은 채 쓰러져 있다는 사실이 알려지자 사람들은 충격에 빠집니다. 기자들이 몰려들지요. 부인도 나중에서야 이 사실을 알고 역사로 가요. 유튜브를 찾아보시면 이 장면을 담은 영상도 있습니다. 영화가 발명된 때니까요. 전 세계에서 몰려온 기자들이 장사진을 치고, 전국에서 올라온 추종자가 모여 있어요. 그런데 톨스토이의 비서가 부인이 임종을 지켜보는 것을 막습니다. 톨스토이랑 48년을 같이 산 부인인데 말입니다. 부인이 집안에 발도 들이지 못한 채, 창문 너머 종종거리며 남편의 모습을 훔쳐보는 모습이 영상에 나옵니다. 그렇게 톨스토이는 자기 삶을 마쳐요. 어떻게 보면 너무 아이러니한 삶을 살다 간 인물입니다. 평생 사랑을 설교했고, 늘 평화를 소원했던 사람이 한때 더없이 사랑했던 부인과의 불화로 길 위에서 최후를 맞았으니까요. 작가로서 사상가로서 위대한 삶을 살았는지 모르겠지만, 한 인간으로 보면 참으로 불행한 최후였다고 말할 수밖에 없습니다.

아마 톨스토이가 자기 삶에 만족하고 살았다면 고통은 없었겠지요. 국가 권력에 맞설 일도 없었을 거고, 가정불화도 없었을 겁니다. 그러나 그는 진정한 사랑과 평화를 위해 자기 삶을 극단으로, 벼랑으로 몰아세웠고, 결국은 고통 속에서 죽습니다. 그의 그런 삶 속에서 우리는 신화 속 우상이 아니라, 다만 한 인간의 고통을 봅니다. 톨스

Астапово, 7 Ноября 1910 г.

Одно совѣтую вамъ — помнить, что на свѣтѣ есть много людей, кромѣ Льва Толстого, а вы смотрите только на одного Льва...

(Слова Л. Н-ча передъ смертью).

Черезъ Бога и Его законъ смотрите на плотскую смерть. Жизнь ваша въ васъ включаетъ въ себѣ все — не только тѣхъ, кого вы лишились, но все — она включаетъ въ себѣ Бога. И если есть Богъ въ душѣ, то душа полна, и нѣтъ потери. А есть Богъ — есть любовь къ Нему и къ людямъ, къ несчастнымъ, нуждающимся въ любви.

Если мы вѣримъ, что все, чтó случилось съ нами въ нашей жизни, случилось съ нами для нашего блага, — то и то, чтó совершается въ нашей смерти, совершается для нашего блага.

Всѣ бѣдствія открываютъ намъ въ насъ то божественное, безсмертное, самодовлѣющее, которое составляетъ основу нашей жизни. Смерть же — открываетъ намъ вполнѣ наше истинное я.

Будетъ съ человѣкомъ послѣ смерти то, чего мы не можемъ и не должны знать. Мы бы не могли жить и работать дѣло Божіе, если бы мы это знали. Если бы насъ ожидало худшее, чѣмъ здѣсь, мы бы еще больше, чѣмъ теперь, дорожили этой жизнью, а нѣтъ большаго препятствія къ исполненію воли Божьей, какъ забота о своей жизни; если же бы насъ ожидало лучшее, мы бы пренебрегали этой жизнью и старались бы поскорѣе уйти изъ нея.

Мы не знаемъ, чтó ждетъ насъ послѣ смерти, но знаемъ несомнѣнно одно то, что то духовное я, въ которое я по христіанскому ученію перенесъ свою жизнь, нераздѣльно, вѣчно, свободно, всемогуще, потому что Оно есть Богъ. Пойду къ Тому Началу любви, отъ Кого я изшелъ, къ Тому, Кого я чувствую въ себѣ любовью. „Въ руки Твои предаю духъ мой". Вотъ все, чтó мы можемъ сказать; и это не мало. Для того, кто вѣритъ въ существованіе Того, отъ Кого онъ пришелъ и къ Кому идетъ, это все, и больше ничего не нужно.

Левъ Толстой.

▲ 톨스토이의 사망을 알린 기사.

토이가 위대하다면, 그가 늘 이런 고통 속에 살았다는 것, 그럼에도 자신을 죽음으로 내몰면서까지 그 고통을 외면하지 않았다는 점에 있을지 모르겠습니다. 이 위대한 고통의 크기와 깊이가 그를 역사 속 거인으로 만든 것이겠지요.

오늘 우리는 톨스토이와 평화에 대해 이야기했습니다. 이 강의를 통해 톨스토이를 도덕 타령, 사랑 타령이나 늘어놓는 고리타분한 성인군자쯤으로 여기는 기존 한국 독자의 인식이 변화할 수 있기를 바랍니다. 그는 평화의 성자(聖者)일 뿐 아니라, 반국가, 반교회, 반소유, 반애국, 반민족 같은 과격하고 전투적인 사상을 설파했던 평화의 전사(戰士)이기도 했다는 것이지요. 어쩌면 우리는 지금까지 톨스토이라는 큰 사람의 한 면만, 그러니까 전자만 보고 있었는지 몰라요. 오늘 강의가 톨스토이에 대해 온전하게 이해할 수 있는 계기가 되었으면 합니다. 고맙습니다.

청중 톨스토이가 말한 비폭력의 방식으로 폭력을 해결하는 데는 한계가 있지 않을까요?

이문영 충분히 동의할 수 있는 생각입니다. 평화는 평화적인 수단으로 얻어질 때 가장 값진 것이라 말들 하지요. 하지만 "평화를 원한다면 전쟁을 준비하라"는 고전적인 경구도 있어요. 그렇게 생각하는 사람도 많습니다. 얼핏 비폭력으로 극단적인 폭력을 이겨 보겠다는 생각은 너무 순진하고 이상적으로 여겨질 수 있습니다. 현실에서 온갖 무자비한 폭력과 악행을 목도하다 보면 더욱 그렇지요.

하지만 폭력을 폭력으로 다스리는 것, 분노에 분노로 임하는 것이 즉각적인 효과를 발휘하는 것처럼 보여도, 장기적으로도 과연 그럴까요? 폭력에 폭력으로 임할 때 또 다른 뜻하지 않은 희생과 원한, 분노가 만들어집니다. 그것이 또 다른 폭력을 부릅니다. 폭력의 악순환이지요. 더구나 앞서 말씀드렸듯이 톨스토이의 비폭력은 아무 저항 없이 폭력에 순응하라는 뜻이 아닙니다. 폭력에 폭력으로 맞서는 것보다 더 어려운 것이 폭력에 비폭력으로 저항하는 겁니다. 비폭력의 대가로 또다시 또 다른 종류의 폭력이 쏟아질 수도 있어요. 그렇더라도 이를 감내하며 계속 주장하는 겁니다. 톨스토이의 이런 주문은 마치 고행과도 같아요. 이 경우 싸움은 나와 적 사이가 아니라, 나와 나, 즉 내 내면 안에서 벌어집니다. 어쩌면 가장 힘든 싸움이지요.

물론 인류 역사는 폭력에 폭력으로 맞서는 데 익숙합니다. 그래서 우리가 평화를 얻었나요? 그렇지 않다면 여태껏 한 번도 제대로 시도해 보지 못한 방법을 시도해 보는 건 어떨까요? 중요한 건 비폭력이라는 원칙이고, 이를 실천할 방법은, 우리에게 익숙하지 않아서 그렇지, 아주 다양할 수도 있어요.

청중 톨스토이의 비폭력주의에는 동의하는데요, 그럼에도 자기 방어의 측면에서는 폭력이 일정 부분 필요하지 않을까요? 그리고 폭력을 방치하면 더 큰 폭력으로 번질 위험성도 있다고 생각합니다.

이문영 동감입니다. 현실적으로 '정의로운 폭력'이 필요할 수도 있고, 당장 내 목숨이 위태로운데 비폭력을 고수할 사람은 많지 않을 겁니다. 그런데도 톨스토이는 이런 이야기를 합니다.

예를 들어 강도가 칼로 소녀를 찌르려 한다고 해서 그 칼로 먼저 강도를 찌르면 안 된다고요. 이유는 두 가지예요. 첫 번째는 강도가 소녀를 정말 찌를 것인지를 미리 단정할 수 없고, 두 번째로 그렇다 해

도 소녀의 목숨이 강도의 목숨보다 더 귀하다고 판단할 아무 근거도 없다는 겁니다. 그래서 강도와 소녀 사이를 내가 몸으로 막아설지언정, 강도를 먼저 찔러서는 안 된다고 톨스토이는 말했어요.

궤변인 듯도 보이고, 그게 아니더라도 현실에서 참 받아들이기 힘든 얘기지요. 더구나 자기를 방어하는 건 인간의 본능입니다. 그 본능까지 통제해서 비폭력을 실천한다는 건 정말 실현 가능성이 낮아 보여요. 사실 잔학무도한 범죄가 터질 때마다 사형제도 폐지론자들이 여론의 뭇매를 맞곤 하지요. 그런 범죄자에 대해 용서와 자비를 말하는 건, 안 그래도 상처받은 사람들을 더 열불나게 하기도 합니다. 현실에서 톨스토이의 사랑과 비폭력을 실천하기는 정말 어렵습니다.

다만, 그의 이런 생각을 통해 우리가 정당방위, 정의로운 폭력 같은 익숙한 논리에 대해서 다시 한 번 고민해 볼 수는 있을 겁니다. 그러니까 꼭 실천까지는 안 가더라도, 평화를, 비폭력을 정말 극단까지 밀고 나간 톨스토이를 우리의 생각을 다시 비추어 보는 거울로 삼아 볼 수 있다는 말입니다. 말도 안 되는 것 같은 그의 생각에 비추어, 우리가 말이 된다고 믿는 생각들이 과연 정말 그런 건지 다시 한 번 곱씹어 보는 기회를 가져 보자는 거지요. 그것만으로도 톨스토이는 의미가 있을 거 같은데요.

청중 톨스토이가 창안했다는 새로운 종교가 궁금합니다.

이문영 톨스토이는 기존의 기독교를 비판하고 '새로운 기독교'를 제안했어요. 그러니까 새로운 종교도 크게 보아 기독교 틀 안에 있는 것이고, 없던 종교나 종파를 만든 건 아니에요. 오히려 타락하기 이전의 초기 기독교 정신으로 돌아가자, 그 시초에서 새로움을 길어 올리자는 주장을 했습니다. 하지만 예수의 신성을 부정하고, 부활을 부정하고, 동정녀 잉태를 부정하고, 최후의 심판, 천국, 사후 세계, 영생 등을 모조리 부정했어요. 대신 지금 삶을 제대로 살기 위해 필요한 덕목들, 즉 사랑, 믿음, 겸손, 용서, 희생 등만 남겨 놓았죠. 한마디로 기독교라는 종교에서 모든 신비와 계시를 탈탈 털어내 버린 거죠. 신비와 계시가 삭제된 종교가 종교일까요? 지금도 이런 주장을 하면 이단으로 취급됩니다. 하물며 당시는 말할 나위도 없었죠. 그가 만든 새로운 종교란 '기독교인데 기독교가 아닌' 그런 거였지요. 신이 아닌 사람을 위한 종교, 내생이 아닌 이생을 위한 종교, 믿음이 아닌 이성이 필요한 종교. 그게 톨스토이가 창안한 새로움의 본질입니다.

청중 톨스토이의 작품에 관심이 가는데요. 그의 소설적 특징은 어떤 게 있을까요? 장편소설은 조금 지루하지 않을까 걱정됩니다.

이문영 일단 작품들이 너무 두꺼워서 읽기도 전에 질릴 수 있어요. 하지만 막상 읽어 보면 생각보다 그렇게 지루하지는 않습니다. 개인적으로 3대 명작 중에 『부활』을 먼저 추천합니다. 그리고 다른 장편에 천천히 도전해 보세요. 여러분께 톨스토이 작품을 읽는 팁을 하나 알려드릴게요. 톨스토이의 작품은요, 이야기가 막 재미있게 진행되다가, 갑자기 주인공 중 한 명이 일장 연설을 늘어놓는 대목이 나와요. 등장인물에 톨스토이가 빙의돼서 설교나 주장을 늘어놓는 거지요. 톨스토이 작품에는 그런 사람이 꼭 하나는 나와요. 이 부분이 조금 지루할 수 있는데, 너무 힘들면 그 부분은 건너뛰고 줄거리가 진행되는 부분만 읽으세요. 톨스토이는 타고난 이야기꾼이라, 이야기 자체는 충분히 재미있습니다.

청중 톨스토이는 동양에 대해 어느 정도 관심을 갖고 있었나요?

이문영 톨스토이는 동양 사상에 엄청나게 조예가 깊은 사람이었어요. 많은 책을 읽고, 도교, 불교, 공자, 맹자까지 섭렵했지요. 노자의 『도덕경』을 최초로 러시아어로 번역하는 과정에 참여했고, 그 책을 감수한 게 바로 톨스토이에요. 그 정도로 지식의 폭이 굉장히 넓었습니다. 살아생전 그는 아시아의 많은 학자, 정치인, 종교인과 직접 교류를 하기도 했어요. 톨스토이와 동양은 일방향적 관계가 아니라,

쌍방향적 관계였어요. 앞서 말한 톨스토이의 '하지 않음'의 사상은 노자의 '무위(無爲)'에서 큰 영감을 받은 겁니다. 인도의 간디처럼 톨스토이에게 엄청난 영향을 받은 동양 사람이 많다면, 톨스토이에게는 동양 사상이 또 막강한 영향을 미친 거죠. 그래서 톨스토이는 러시아의 어느 사상가나 작가보다 동양에 대해 깊은 존경심을 갖고 있었어요.

기생충 학자가 보는 남녀 이야기

서민(단국대학교 의과대학 교수)

서민

서울대학교 의과대학 본과 4학년 때 선택의학 과목으로 기생충을 선택했다가 남은 생을 기생충과 함께하기로 마음먹은 그는, 현재 단국대학교 의과대학에서 기생충학을 가르치고 있다. 글과 강연 및 여러 방송을 통해 기생충을 사랑하자는 메시지를 전달하려 애쓰는 중이다. 더불어 책을 읽은 후 자신의 삶이 어떻게 달라졌는지를 말하며 독서의 중요성도 강조하고 있다. 쓴 책으로는 『서민의 기생충 열전』, 『서민의 기생충 콘서트』, 『집 나간 책』, 『서민적 글쓰기』, 『서민과 닥터 강이 똑똑한 처방전을 드립니다』, 『서민적 정치』, 『여혐, 여자가 뭘 어쨌다고』 등이 있다.

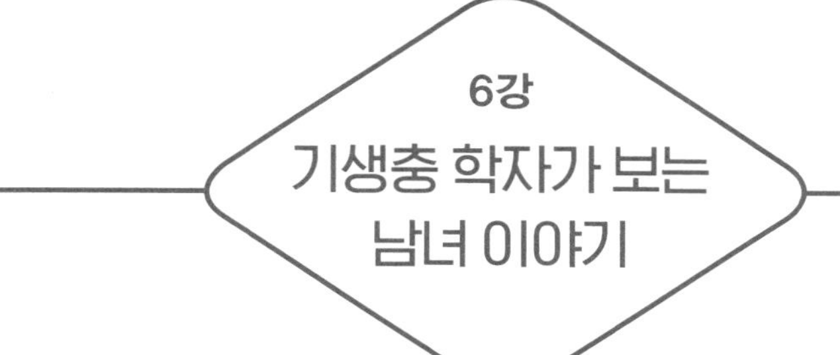

6강 기생충 학자가 보는 남녀 이야기

안녕하세요? 저는 서민이라고 합니다. 오늘 페미니즘에 대해서 말씀드릴 텐데요. 처음 강의를 제안받고 걱정했습니다. 페미니즘 강의는 보통 여자분들이 하잖아요. 여성학을 전공하거나 여성 운동을 해오신 분들이 많지요. 저는 그분들한테 배우는 입장인데 이렇게 강의를 해도 되나 싶었습니다. 그러다 남자로서 제가 평소 느꼈던 점을 말씀드리는 것도 의미가 있을 거라 생각해서 이 자리에 섰어요.

아시는 분도 계시겠지만 저는 기생충 학자입니다. 27년간 기생충에 대해 연구했어요. 남들이 잘 안 하는 분야지요. 외롭지만 그래도 장점이 있습니다. 단국대에서 교수를 모집한다기에 원서를 냈는데 나중에 보니까 지원한 사람이 저 혼자예요. 1대 1의 경쟁률을 뚫고 합격했습니다. (웃음) 그래서 저는 남들이 안 가는 길이 저의 길이다, 라고 생각하고요.

전공이 그러다 보니 페미니즘 이야기도 이 기생충학적인 관점에서 말씀드릴 텐데요. 기생충이 페미니즘하고 무슨 관계냐 하시는 분들도 계시겠지만 들어 보시면 나름대로 일리가 있다고 느끼실 거예요. 그럼 지금부터 강의를 시작하겠습니다.

기생충의 남녀 관계

지난 40년 동안 전 세계의 기생충 수는 급격하게 감소합니다. 여기 기생충 때문에 걱정하시는 분 있나요? 다른 나라는 몰라도 우리나라는 거의 없을 거예요. 혹시 있다고 해도 별 다른 증상도 없고 치명적이지도 않은 기생충이라 감염된지도 모르고 살기도 해요.

지금은 사라진 대표적인 기생충, 혹시 아십니까? 바로 회충입니다. 얘들은 아주 드라마틱하게 줄었어요. 하지만 끝까지 살아남은 애들도 있습니다. 저는 그 이유가 궁금했어요. 도대체 왜 그럴까? 왜 어떤 기생충은 쉽게 사라지고 어떤 것들은 끈질기게 살아남는가? 그러다 아주 신기한 점을 발견했습니다. 바로 기생충의 '부부 관계'가 그들의 생존을 좌우한다는 사실이었어요.

사람도 그렇지만 기생충에게 부부 관계는 특히 중요합니다. 기생충 인생에 제일가는 기쁨이에요. 한번 생각해 보세요. 우선 이 애들은 집이 없습니다. 다른 동물의 몸속에서 살아요. 그러다 보니 먹을 게 한정되어 있어요. 내가 떡볶이를 먹고 싶다고 해도 숙주가 이걸 먹지 않으면 영원히 맛볼 수 없습니다. 내가 고기를 좋아한다고 해도 숙주가 채식주의자라면 평생 고기를 못 먹죠. 비유하자면 사방이 깜깜해서 보이는 것도 없는 암흑천지에서 주는 대로 먹고 사는 거예요. 심지어 이런 환경은 한번 정해지면 바뀌지 않습니다. 이사를 가고 싶어도 그럴 수가 없어요. 그나마 삶의 동반자와 함께하는 부부 관계, 번식이 이들에게 유일한 낙입니다.

기생충은 몸의 구조 상 생식기가 매우 발달했어요. 그만큼 번식이 매우 중요한 과제라고 볼 수 있는 거예요. 종류별로 번식하는 방법도 다양합니다. 제가 이걸 유형별로 나누어 봤어요. 이것은 기생충의 생존과 밀접한 관계에 있었습니다. 지금부터 살펴보도록 하지요.

첫 번째는 '무관심형'입니다.

이 유형은 짝짓기만 하고 끝이에요. 더 이상의 부부 관계는 없어요. 일단 관계가 끝나면 남남처럼 지냅니다. 자녀 양육에도 무관심해요. 대표적인 게 바로 회충입니다. 수컷의 고환이 커서 번식에 유리

해요. 게다가 짝짓기를 할 때 매우 자상해요. 생식기 위치가 다르기 때문에 수컷이 배려를 해야 제대로 짝짓기를 할 수 있습니다. 안 그러면 어려워요. 수컷이 암컷을 부드럽게 안아 줍니다. 아름답지 않나요? 그런데 딱 거기까지예요.

고환 많죠, 암컷에게 친절하죠, 로맨스의 화신이 될 조건을 두루 갖췄음에도 회충은 부부 관계에 관심이 없습니다. 짝짓기가 끝나면 암수는 각자 갈 길을 가요. 알은 그냥 숙주의 몸 밖으로 빠져나갑니다. 애는 낳았지만 책임은 못 지겠다, 각자 알아서 살자는 식이랄까요. 그래도 회충은 꿋꿋하게 번성합니다. 심지어 예전에는 무척 잘나가기까지 했어요. 제가 어릴 때만 해도 반에서 회충 있는 애들이 꽤 됐습니다. 비결이 뭐였을까요? 바로 농사법에 있었습니다.

회충이 최근 한 1000년 동안 전성기를 누렸어요. 그동안 사람들은 변을 거름으로 썼습니다. 볼일을 마치면 모아 두었다가 밭에 뿌렸어요. 사람 몸 밖으로 나온 회충이 다시 숙주를 만날 기회가 생긴 거예요. 변을 거름으로 쓴 밭에서 자란 채소를 먹고 회충을 몸 안에서 키우고 그 알을 다시 변으로 내보내고… 이런 순환이 계속되었던 거예요. 그러다 보니 예전에는 사람 한 명이 수백 마리 회충의 숙주가 되는 사례가 빈번했습니다.

그러다 도시화, 산업화가 되면서 회충의 생존 환경이 확 달라지죠. 상하수도가 보급되면서 변이 우리 몸속으로 들어올 기회가 사라졌어요. 회충의 알은 가정의 변기에서 정화조로 가고 여기서 다시 하수처리장으로 갑니다. 그 혹독한 위생 처리 과정에서 설령 살아남는다 해도 숙주를 만날 수 없습니다. 사람 입으로 들어가야 되는데 방법이 없잖아요. 그래서 지금은 거의 멸종했죠.

한때 잘나가던 회충이 왜 이렇게 됐냐? 제가 원인을 따지다 보니 애초에 저렇게 알을 방치한 부모의 책임 아니냐 하고 생각하게 된 거예요. 짝짓기 이후 전무한 부부 관계, 서로 말도 안 하고 자식도 안 돌보는 이 회충들의 양태가 환경 변화에 적응하지 못하고 멸종하게 된 근본 원인이 아닐까 하고 말입니다. 누굴 탓할 일이 아니라는 거예요.

요즘 회충들의 생존 상황이 얼마나 열악한지를 보여 주는 자료를 제가 가져왔는데요. 어떤 사람이 배가 아프다고 해서 병원을 찾습니다. 그래서 담도 조영술을 해봤어요. 조영술이라는 건 엑스선이 투영되지 않는 '조영제'를 투입해서 내부 기관의 이상을 찾는 검사법이에요. '담도'라는 건 쓸개에 붙은 작은 관을 말합니다. 여기로 담즙이 빠져나가지요.

그랬는데, 이 담도에서 검은 그림자 같은 게 보이는 거예요. 뭔가 이물질이 있어서 조영제가 거기에 채워지지 않았다는 뜻인데 보니까 거기 회충이 한 마리가 있어요. 병원에서 깜짝 놀랐습니다. 왜냐하면 거기 있을 애가 아니거든요. 얘들이 보통 사람 몸속에서 짝짓기를 하

는데 짝을 찾지 못한 회충이 여기저기 몸속을 돌아다닙니다. 그러다가 그 좁디좁은 담도로 들어가게 된 거예요. 숙주인 사람도 괴로웠겠지만, 이 회충은 얼마나 외로웠을까요? 그 마음은 아무도 모릅니다. 이 쓸쓸한 회충의 모습이 오늘날 그들의 자화상이 아닐까 싶어요.

두 번째 기생충의 부부 관계 유형은 바로 '독박 육아형'입니다.

수컷은 짝짓기가 끝나면 아무 일도 안 합니다. 회충처럼요. 반면에 암컷이 육아를 전담해요. 자식들 입장에서 보면 첫 번째 방치형보다 상황이 낫다고 할 수 있겠죠. 어쨌든 엄마가 밥은 주잖아요. 대표적인 기생충이 바로 요충입니다. 요충은 회충처럼 알을 숙주 바깥으로 빠져나가게 두지 않습니다. 일단 짝짓기가 끝나면 암컷의 몸 안에 알들이 생깁니다. 암컷은 주로 맹장에 있으면서 영양분을 섭취하지요. 그러다가 때가 되면 알 낳을 곳을 찾아 항문으로의 긴 여행을 시작합니다. 어쨌든 얘들도 인간의 몸 밖에 알을 낳아야 하는 거예요.

몸길이가 1센티미터쯤 되는 요충 입장에서는 엄청나게 먼 거리예요. 문제는 항문이 웬만해서 안 열린다는 사실입니다. 평소에는 굳게 잠겨 있잖아요. 안 그러면 큰일 나죠. 줄줄 샐 테니까요. 가끔 사람이 밤에 꿈을 꿀 때 항문이 살짝 열립니다. 그리고 보통은 대변을 눌 때 열리죠. 요충으로서는 타이밍을 잘 맞춰야 합니다. 그렇게 기회를 엿보다가 항문이 딱 열리는 순간 싹 나와서 항문 근처에다 알을 낳습니다. 일단 성공이죠. 그다음은 숙주인 사람이 도와줘야 합니다. 입 안으로 이 알들을 다시 넣어 줘야 해요. 그래야 훌륭한 어른 요충이 될 수 있습니다. 요충으로서는 고민이 될 수밖에 없는 상황이지요. 그래서 이걸 어떻게 할까 고민을 하다가 항문을 간지럽히는 전략을 씁니다.

항문 주위를 왔다 갔다 하면서 가려움을 느끼게 하는 물질을 분비해요. 그러면 사람이 막 긁죠. 그때 손에 알이 묻습니다. 숙주가 열심히 항문을 긁고 그 손으로 음식을 먹으면 상황 종료. 이제 요충의 알은 숙주의 몸에 들어가 훌륭한 어른으로 성장하게 됩니다.

종합하면, 요충의 수컷은 짝짓기 후 사라집니다. 암컷은 만삭의 몸으로 항문까지 정말 긴 여행을 하죠. 그리고 타이밍을 잘 맞춰 출산을 합니다. 여러분, 출산이 얼마나 큰 고통입니까? 기생충이라고 예외는 아니에요. 그러면 한 일주일은 쉬어 줘야 되는데 그럴 새가 없습니다. 애들 살려야죠. 항문 근처를 오가면서 가렵게 하는 물질을 분비합니다. 참 일방적인 부부 관계라고요? 하지만 이보다 더한 애들이 있습니다. 바로 '독박육아의 끝판왕'이라고 할 수 있는 메디나충이에요.

우리나라에서는 발견되지 않는 기생충인데요, 이 메디나충은 물에서만 알을 낳을 수 있다는 특징이 있습니다. 그 말은 곧, 사람을 어떻게든 물로 끌어들여야 한다는 거예요. 이 메디나충 부부 관계를 보면요, 수컷이 아무 일도 안 합니다. 요충보다 심해요. 요충은 그래도 눈에 안 보이니까, 아예 단념할 수나 있지요. 애들은 바로 옆에 있으면

서 아무것도 안 합니다. 이런 존재, 참 얄밉죠.

자, 그래서 메디나충 암컷은 있으나 없으나 한 수컷에 대한 기대를 접고 고민을 시작합니다. 이 어린 자식들을 먹여 살려야 한다, 어떻게 사람을 물가로 끌고 갈 수 있을까? 사람 목이 마르게 하면 어떨까 생각도 해 보지만 곧 접습니다. 목마르다고 강물로 뛰어드는 사람이 몇이나 되겠어요. 그래서 생각해 낸 방법이 바로 '발 뜨겁게 하기'입니다. 여러분 우리 발은 신기하게도 온도에 예민합니다. 여러분 더울 때 어떻게 해요, 발을 시원한 물에 담그죠? 아무리 더워도 발만 시원하면 견딜 만합니다. 반면에 발이 뜨거우면 어때요? 참을 수가 없습니다. 그래서 메디나충 암컷은 발로 내려가서 열을 내기로 마음먹습니다. 그런데 이게 쉽지 않아요. 원래 서식지는 인간의 배 근육입니다. 발이면 사람 몸 맨 끝이잖아요. 일단 몸 밖으로 나와서 다다다 뛰어가면 될 것 같지만, 그러다가 사람 눈에 띄면 어떡해요? 혐오의 대상인 기생충 입장에서 신분 노출은 죽음을 의미합니다. 그래서 어떻게? 터널을 파기로 해요. 얘들이 겉모습이 흉해서 그렇지 연약한 애들이에요. 그런 친구들이 삽도 없이 치밀한 인체 조직을 뚫는다는 건 참으로 고단한 일입니다. 수개월에 걸쳐 앞도 보이지 않는 길을 내비게이션도 없이, 오로지 본능에 의지해서 파 내려가야 합니다. 당연히 시행착오도 있어요. 머리로 나오기도 하고 옆구리를 뚫고 나오기도 합니다. 그래도 대개는 신기하게도 발까지 내려가요.

성공적으로 목적지에 도착했으면 이제 열을 내야 합니다. 어떤 방법을 쓰느냐면, 우선 물집을 만들어요. 그러면 발이 뜨거워지지 않습니까? 사람이 물을 찾아 거기에 발을 담급니다. 이때 잽싸게 나와서 알을 낳아요. 메디나충 암컷 입장에서는 큰 고비를 넘긴 거죠. 그렇다고 끝난 건 아닙니다. 알을 낳았으면 돌아가야 하는데, 신분이 노출된 상태잖아요. 사람이 밖으로 나온 메디나충을 발견하고 깜짝 놀라 끄집어내려고 합니다. 도망칠 수도 없어요. 터널을 넓게 파면 좋은데 딱 자기 몸만 움직일 정도로 좁게 해 놨거든요. 그래서 빼기도 어렵고 다시 들어가기도 어렵습니다. 빼내려면 살살 조금씩 해야 하는데 그 과정이 환자에게 몹시도 고통이에요. 행여 끊어지기라도 하면 더 큰 고통이 찾아옵니다. 이래서 사람들이 메디나충을 굉장히 싫어했습니다. 어떻게든 박멸해야겠다고 머리를 싸매고 연구를 했지요. 근 30년간 싸웠어요. 처음에는 세계보건기구가 나섰다가 실패합니다. 뒤이어 카터재단이 각고의 노력 끝에 박멸했고요. 지금은 거의 멸종된 상태입니다. 메디나충 입장에서 보면 슬픈 일이지요. 자식 잘 키워 보겠다고 숙주 밖으로 나섰을 뿐인데 죽임을 당한 거니까요. 심지어 수컷은 아무 일도 안 했는데 덩달아 죽습니다.

결론적으로 두 번째 유형인 '독박육아형' 요충의 경우 요즘 2~3퍼센트 대의 감염률로 버티고 있고 메디나충은 인간의 박멸 노력에 끈질기게 저항했습니다. 이 과정 역시 거슬러 올라가다 보면 '독박육

아'가 있었다는 점을 말씀드릴 수 있습니다.

세 번째 유형을 보겠습니다. '암컷 주도형'입니다. 기생충이 제일 살기 좋은 데가 어디냐 하면 바로 소화 기관, 그중에서도 작은창자입니다. 우리가 먹은 음식물의 영양분이 모이는 곳이에요. 여기서 모인 영양분은 간으로 가서 인체에 흡수됩니다. 기생충으로서는 더할 나위 없이 좋은 서식지죠. 그래서 경쟁도 치열합니다. 센 녀석들이 자리를 차지해요. 그래서 회충이 제일 많습니다. 그 다음으로 살 만한 곳이 혈관이에요. 영양분이 혈관을 타고 여기저기로 가잖아요. 그래서 여기도 기생충이 제법 삽니다.

그렇다면 기생충 입장에서 가장 황폐한 곳, 살기 힘든 곳이 어디일까요? 바로 기도입니다. 거의 사막이나 다름없는 곳이에요. 솔직히 공기만 왔다 갔다 하지 먹을 게 뭐가 있습니까. 싱가무스는 바로 이곳에 사는 기생충입니다. 왜? 앞서 말씀드렸다시피 힘이 없기 때문이에요. 회충, 요충, 십이지장충, 이런 애들한테 치여서 기도까지 밀려온 겁니다.

그러면 싱가무스는 무얼 먹고 사느냐, 가끔 우리가 사레들릴 때 있죠? 이때 밥풀 같은 게 잠깐 기도에 들어옵니다. 이걸 기다리고 살 수도 있겠지만 확률이 너무 낮아요. 먹고사는 일을 우연에 기댈 수가 없습니다. 그래서 나름대로 살길을 찾아 나가죠. 어떻게든 살려고 합니다. 그래서 찾아낸 방법이 바로 흡혈입니다. 기도에 벽을 파서 혈관을 찾아냅니다. 여기 매달려서 피를 빨아먹어요. 여기저기 옮겨 다니면서 빨아먹습니다. 싱가무스가 붉은색을 띄는 이유입니다. 그런데 얘들도 암컷만 열심히 해요. 수컷은 아무 일도 안 합니다. 그렇다고 수컷을 버릴 수가 없는 게 얘들은 정자 보유량이 작기 때문에 수시로 관계를 해야 해요. 안 그러면 번식을 할 수 없습니다. 척박한 환경에서 암컷 주도로 살아남은 대표적인 기생충이고요.

암수가 화합해서 살아남은 기생충

네 번째 유형은 부부가 사이좋게 역할을 나누는 '암수 화합형'입니다. 대표적인 게 주혈흡충입니다. 이름이 무시무시하지요. 그래도 사이는 좋습니다. 암컷은 출산에만 전념하고 수컷이 먹여 살립니다. 얘들은 암컷이 수컷의 몸에 홈을 파고 들어가서 지내는 식입니다. 그러다가 때가 되면 알을 낳죠. 출산 이외에는 신경 쓸 일이 별로 없습니다. 그러다 보니 외형도 차이가 나는데요. 수컷은 근육질에 투실투실하고 암컷은 조금 상대적으로 가느다랗습니다. 주혈흡충은 부부 사이가 상당히 좋습니다. 심지어 수컷은 고환이 일곱 개나 되고요. 그럼에도 집안일을 열심히 합니다. 상황이 이렇다 보니 한 번 짝짓기를 하면 평생 헤어지지 않아요.

어떤 심술궂은 학자가 이런 실험을 했어요. 주혈흡충 부부 옆에 젊은 수컷, 암컷을 놓아 줍니다. 혹시나 하고 봤는데 역시, 일부일처제의 화신임을 증명합니다. 거들떠보지도 않아요. 여러분, 자기 짝이 그렇게 잘해 주고 열심히 하는데 왜 굳이 짝을 바꾸겠습니까? 사람이나 기생충이나 그럴 이유가 없는 거예요. 문제는 주혈흡충이 워낙에 부부 사이가 좋고 자식도 잘 키우다 보니 사람이 피해를 본다는 거예요.

주혈흡충에 감염되면 간경화가 생깁니다. 애들이 낳은 알이 변을 통해 몸 밖으로 나가지 못하고 혈관을 타고 흘러 다니다가 간에 가서 박히면서 생기는 현상이에요. 당연히 세계보건기구가 나섰죠. 이 기생충을 박멸하기 위해 열심히 노력합니다. 덕분에 많이 줄었다고는 하지만 요즘도 건재해요. 수십 년간 인간의 집중포화를 받으면서도 살아남을 수 있었던 이유 역시 이들 부부 관계에서 찾아야 하지 않나, 저는 그렇게 생각합니다. 암수가 잘 지내면서 역할 분담을 통해 번식에 애쓴 결과죠.

마지막으로 소개해 드릴 유형은 자웅동체라고 해서 '암수한몸형' 입니다. 동물들은 대개 암수가 나뉘어 있지요. 하지만 달팽이처럼 암수가 따로 없는 경우가 있습니다. 이 친구들은 한 몸에 암수 생식기를 모두 가지고 있어요. 기생충 중에도 이런 종류가 있는데, 디스토마(흡충이라고도 함)가 대표적입니다.

디스토마의 해부도를 보면 소화기가 있고 자궁, 난소, 고환이 있습니다. 암컷 수컷이 서로 만나기 위해 애쓸 일이 없어요. 게다가 체력도 아주 강해요. 우리가 일반적으로 쓰는 구충제로는 죽지 않습니다. 엄청 센 디스토마 구충제를 써야 해요. 의사 처방을 받아서 순차적으로 용량을 높여 가며 먹어야 합니다.

기생충은 특성상 숙주를 잘 옮기지 않습니다. 한 번 사람 몸에서 만들어진 알은 다시 사람 몸으로 돌아가 어른이 돼요. 예를 들면 요충이 사람 몸 밖에 나왔다가 개의 몸으로 들어가면 죽습니다. 개나 닭, 돼지에 사는 기생충 종류가 각각 다른 이유입니다.

그래서 기생충들은 숙주의 몸으로 들어가기 위해 다양한 방법을 씁니다. 이와 관련해서 디스토마 같은 암수한몸형 기생충의 특징이 하나 있습니다. 바로 번식 전략이 굉장히 창의적이라는 거예요.

예를 들면 이런 거죠. 새의 몸 안에 디스토마 같은 암수한몸 기생충이 있다고 할게요. 어느 날 이 기생충이 알을 낳습니다. 새의 몸 밖으로 나온 알을 개구리가 먹어요. 이때 일반 기생충이었다면 어떻게든 새의 몸으로 들어가야 합니다. 그래야 죽지 않고 어른으로 성장할 수 있어요. 그러려면 새가 개구리를 잡아먹거나 해야 합니다. 기생충 입장에서는 고도의 전략을 짜야겠지요.

암수가 따로 노는 일반 기생충이라면 새가 빨리 개구리를 먹어 줘야 할 텐데, 그렇지 않으면 끝이겠지요. 아마도 개구리 몸으로 들어간 알은 어른이 되지 못하고 죽을 겁니다. 이때 암수한몸형인 기생충

은 탁월한 전략을 사용합니다. 개구리가 새한테 더 잘 잡아먹힐 방법이 무얼까. 그러다 개구리의 기동력을 약화시키기로 합니다. 뒷다리로 내려가 기형을 만들어요. 정상적으로 뛰지 못하는 개구리는 새에게 잡아먹힐 확률이 그렇지 않은 개구리보다 더 큽니다. 바로 디스토마의 일종인 '리베이로이아 온다트레'라는 기생충이 쓰는 전략이죠.

류코클로리디움이라는 기생충을 보죠. 역시 디스토마의 일종인 이 녀석은 달팽이의 몸에 알을 낳습니다. 그리고 앞서와 마찬가지로 새의 몸으로 들어가야 하죠. 그런데 새가 보통은 달팽이를 잘 안 먹어요. 껍질이 딱딱하잖아요. 그래서 어떻게 하느냐, 달팽이의 더듬이를 기형으로 만듭니다. 마치 애벌레처럼 보이게 해요. 꿈틀꿈틀 움직이는 모습이 영락없는 애벌레입니다. 새들이 날아 와서 잡아먹을 수밖에요.

창형흡충도 있습니다. 이 기생충은 개미의 몸에 알을 낳는데 소에게 옮겨 가야 어른이 되어 짝짓기를 할 수 있습니다. 개미가 소의 몸속으로 들어가야 하는 상황이죠. 그런데 여러분도 잘 알다시피 소는 초식성 동물이에요. 개미를 먹을 일이 없습니다. 그래서 어떻게 하느냐, 개미의 뇌를 조종합니다. 개미를 움직여서 소가 즐겨 먹는 풀에 붙어 있게 해요. 개미는 이 사실을 모릅니다. 다른 개미가 물어보죠. 너 왜 오늘 거기 갔었니? 몰라 기억이 없어. 이렇게 되는 거예요.

이런 놀라운 일을 해내는 게 바로 암수한몸 기생충입니다. 기생충으로서는 거의 완벽한 존재에 가까워요. 그러나 여기에도 단점이 있습니다. 유전적으로 단일한 자손밖에 낳지 못한다는 거예요.

제가 만약 암수한몸이라고 생각해 보세요. 애를 낳으면 다 저처럼 생긴 거예요, 무섭잖아요. 이러면 환경 변화에 적응하기가 어렵겠죠. 애들도 이런 점을 잘 알고 있어요. 나름대로 극복하려고 노력합니다.

그래서 두 마리씩 기생을 해요, 옆에 있는 기생충의 정자를 받습니다. 이런 식으로 유전자 다양성을 확보하는 거예요. 디스토마가 그렇습니다. 대개 두 마리가 짝을 지어서 기생해요. 사정이 이렇다 보니까 디스토마 같은 암수한몸 기생충은 지금도 번성합니다. 오늘날 상당수의 기생충이 멸종되고 남은 것 중 대부분이 디스토마류예요. 디스토마는 사람뿐 아니라 다른 동물에서도 엄청나게 발견돼요. 이렇게 잘나가게 된 배경으로 저는 '암수한몸'이라는 강점이 있지 않나 보고 있고요.

그래서 지금까지 기생충의 부부 관계를 다섯 가지 유형으로 분류해서 살펴보았는데요, 제가 왜 이런 말씀을 드리느냐면 여기서 우리가 한 가지 교훈을 얻을 수 있기 때문입니다.

암수가 화합을 해야 개인이 잘된다는 거예요. 우리가 인간인 이상 디스토마처럼 암수한몸이 될 수는 없습니다. 그래도 화합할 수는 있잖아요. 하물며 기생충도 일을 나눠서 하고 서로 잘 지내면서 번성하는데 우리 인간이 못할 게 뭡니까.

절대시하는 남자와 여자의 차이

그럼 다음으로 본격적으로 페미니즘 이야기를 해 볼까 합니다.

태초에 남녀가 있었습니다. 그렇죠? 남녀가 있었는데 서로 체격이 달랐습니다. 남자가 크죠. 왜 그럴까요? 사람은 보통 태어나서 '일반 성장'을 합니다. 그러다가 사춘기가 되면 '폭풍 성장'을 해요. 일반 성장 때 해마다 5센티미터씩 키가 컸다면 폭풍 성장 때는 10센티미터씩 크는 식입니다. 그런데 여자는 남자보다 3년 정도 일찍 사춘기가 시작돼요. 그리고 이 시기가 끝나면 키가 더는 안 큽니다. 반면에 남자는 사춘기가 늦게 시작돼 여자보다 3년 정도 일반 성장을 더 합니다. 여기서 차이가 나는 거예요. 단순 계산을 해도 3×5=15센티미터 차이가 납니다.

키만 큰가요? 남자는 근육도 많습니다. 남성 호르몬(테스토스테론) 탓이지요. 보통 운동을 하면 근육이 붙는다고 생각하지만 호르몬이 없으면 소용없습니다. 일부 운동선수들이 금지 약물인 스테로이드를 복용하는 이유가 뭐겠어요. 바로 근육을 키워 주기 때문이에요. 남성 호르몬은 이러한 스테로이드의 일종으로 근육을 강화합니다. 남자는 이게 몸에서 계속 분비돼요. 당연히 덩치가 크고 힘이 셀 수밖에 없죠.

그렇다면 남자와 여자는 왜 이런 차이가 있는 걸까요? 당연히 진화의 산물입니다. 남자가 근육을 키워서 힘을 많이 썼을 때 좀 더 종족

번식에 유리했던 거예요. 아마 처음에는 똑같이 일했을지 모릅니다. 그러다가 남성 호르몬이 많은 종족이 나타났고 그들이 생존에 유리해지면서 지금처럼 남녀 차이가 생겼을 거예요. 사냥은 남자가 맡고 여자는 채집을 하는 식으로요. 그러면서 그 차이가 더 커졌겠지요.

이런 차이는 성별 지위에도 변화를 가져옵니다. 힘쓸 일이 많은 사회에서 근육이 더 많은 남자가 우월한 지위를 갖게 되는 거예요. 짝을 지을 때도 우선권을 가집니다. 선택을 받아야 하는 입장인 여성으로서는 그들이 보기에 충분히 아름다워져야 합니다. 얼굴을 꾸미고 여성미를 강조하지요. 이런 현상은 지역과 문화에 따라 다양하게 나타납니다. 예컨대 중국 같은 곳에서는 '작은 발'을 위해 전족까지 했죠. 그 불편한 걸 왜 합니까? 그래야 남자들이 좋게 보기 때문이에요. 지금도 그렇죠. 여성들을 불편하게 하는 복장은 한둘이 아닙니다. 허리를 꽉 조이는 코르셋이나 여름에도 온몸을 가리는 부르카 같은 것이 있죠. 하이힐도 그렇습니다. 남자들이 신어 보면요, 한 걸음도 움직이기 힘듭니다. 이걸 매일 입고 신는다고 생각해 보세요.

이런 상황에서 여성들은 때로 아름다운 외모에 집착하게 됩니다. 다이어트 열풍이 그렇지요. 멀쩡한 사람도 살을 뺀다고 합니다. 병적으로 식사를 거부하는 사람까지 생겨요. 먹는 족족 토합니다. 보통 거식증이라고 부르는 '신경성 식욕 부진증'으로 고생하는 분들 대부분이 여성입니다.

그럴 수밖에 없는 게, 사회가 여자를 보는 눈이 외모에만 국한되어 있잖아요. 몸매가 중요합니다. 남자는 별로 신경 안 쓰잖아요. 그런데 비만율은 남자가 높거든요. 2017년도 국민건강보험공단 자료를 보면 비만 인구가 전체의 41.29퍼센트나 돼요. 여자는 23.74퍼센트로 절반 수준입니다. 하지만 다이어트를 열심히 하는 사람은 대개 여자예요.

여러분, 영화나 드라마 보면 남자 배우들은 몸매가 다양해요. 키가 크고 마른 사람부터 해서 작고 뚱뚱한 사람까지. 그런데 여자 배우들은 어때요. 다 똑같죠. 저래도 되나 싶을 정도로 말랐습니다. 키는 거의 170센티미터인데 몸무게는 고작, 46~48킬로그램, 이래요.

그만큼 우리 사회가 강제하는 여자의 몸이 있다는 거예요. 여자는 무조건 예쁘고 가녀린 몸매여야 합니다. 그게 우리가 익히 듣는 여성스러움이에요. 이건 남자들에게도 곤란한 상황입니다. 여러분, 여성차별 얘기하면 꼭 나오는 것 중에 "왜 여자들은 생수통 안 가느냐"가 있어요. 왜 힘든 일은 남자만 하느냐는 겁니다. 좀 치사해 보이지만, 사실이 그러니까 수긍이 가기도 하죠. 그런데 한편 생각해 보면, 남자들이 그렇게나 좋아하는, 키 170센티미터에 몸무게 45킬로그램인 여자가 생수통을 들 수 있을까요? 살쪘다고 다이어트 하랄 때는 언제고 생수통 못 든다고 타박이라니, 모순이 아닐 수 없습니다.

저는 그래서 남자와 여자의 차이를 절대시해서는 안 된다고 생각해요. 자꾸 남자는 이래야 한다, 여자는 저래야 한다고 나눌 필요가 없다는 거예요. 여자 중에서도 강한 사람이 있고 남자 중에 약한 사람이 있습니다. 당연한 거예요. 그런데도 우리 사회는 남자에게 강함을 여자에게는 '여성스러움'을 요구합니다. 이거 좀 스트레스 아닌가요?

저는 남자이다 보니 특히 '남자다움'에 대해 생각을 많이 하게 됩니다. 여러분, 과연 남자답다는 게 뭘까요?

보통 '상남자'라고 하는 사람의 이미지를 떠올려 볼까요? 덩치가 좋고 근육질인데다 말투도 호탕합니다. 맥주 500시시 정도는 원샷을 해야 하고요. 우리가 남자다움의 기준으로 삼는 것들 중에는 '감정'도 포함됩니다. "남자는 태어나서 딱 세 번 운다. 태어났을 때 부모님 돌아가셨을 때, 나라 망했을 때." 이런 말 들어 본 적 있을 겁니다. 남자는 잘 울지도 못해요.

행동의 제약도 크지요. 남자는 딱 어깨를 펴고 다리를 벌리고 앉잖아요. 반면에 여자는 조신하게 무릎을 모으고 앉아야 합니다. 해 보신 분들은 알겠지만 다리 모으고 장시간 앉는 거 상당히 힘들어요.

사회적으로 하는 일도 정해져 있습니다. 일반적으로 바깥일은 남자가 합니다. 게다가 남성적인 직업이 따로 있어요. 요즘 사람들이 선호하는 직업인 '요리사', 예전에는 남자가 절대 해서는 안 될 일이었어요. 지금도 남자가 부엌에 들어가는 걸 금기시하는 곳이 있잖아요. 복장도 그렇습니다. 남자답지 않게 입으면 비웃음을 삽니다.

한편 여자들은 어때요, '집안일' 전담입니다. 행여 바깥일 하는 남편이 힘들까, 집에 오면 밥 챙겨 주고 불편하지 않도록 잘 모셔야 합니다. 바람을 피워도 '남자가 그럴 수도 있는 일'이니 '가정의 평화'를 위해 참아야 하죠. 자기주장을 펼 수도, 직업을 가질 수도 없습니다. 집 밖으로 나갔다가는 "암탉이 울면 집안이 망한다"는 비난을 받아야 해요.

이게 무슨 말인가 하면 남자들이 여자를 집에 가둬 두고 사회적 권력을 독점했다는 거예요. 여러분 재벌 총수들 보면 어때요, 대부분 남자죠? 고위 관료나 정치인은 또 어떻습니까? 그래서 남자들이 하는 일은 중요한 일이고 여자들이 하는 집안일은 굉장히 사소한 일로 취급합니다. 사회적 인식이 그래요.

정말 그럴까요?

'집안일'이라는 게 우리 생존에 필수적인 일들이에요. 게다가 반복적으로 계속해야 합니다. 쉴 수가 없어요. 하루라도 빠지면 티가 납니다. 힘들고 고단하지요. 그럼에도 사회적으로 평가를 제대로 받지 못하고 있는 거예요.

"밖에서 돈 버느라 고생인데 집에서 하는 일이 대체 뭐냐?" 남자들은 그렇게 말합니다.

"딱히 없어요. 집에서 그냥 놀아요." 하는 일을 묻는 질문에 여자들은 그렇게 대답하죠.

그래서 요즘은 '가사 노동'이라는 말을 씁니다. 노는 게 아니거든요. 계산해 보면 직장생활 해서 버는 돈 못지않아요. 사실 그만큼의 노동을 여성들이 무상으로 제공하고 있기에 가계 경제가 돌아가요. 사람을 고용해서 그 일을 시킨다고 생각해 보세요. 버는 돈보다 쓰는 돈이 훨씬 많을 겁니다.

어쨌든 지금까지 이게 남녀의 삶이었어요, 그러다 시대가 변했습니다. 이제 우리는 더 이상 멧돼지를 잡을 필요가 없어요. 그리고 힘쓰는 일이 많이 줄어들었습니다. 기계가 하고 컴퓨터가 합니다. 요즘은 인공지능도 등장했지요. 바야흐로 지식 사회가 도래한 거예요. 이제는 머리를 써야 합니다. 예전처럼 힘으로 결정되는 사회가 아니라는 거죠. 여자가 할 수 있는 일이 그만큼 많아졌다는 얘기입니다.

제가 테니스를 좋아해서 자주 테니스장에 갑니다. 거기 가끔 오시는 아주머니 한 분이 있어요. 그분 말씀이 테니스를 너무 좋아해서 중계 채널을 보고 싶은데 가입을 해야 한다는 거예요. 그래서 남편한테 2년 동안 졸랐는데 안 해 주다 최근에 해 줬다고 너무 기뻐하는 거예요. 그 이야기를 듣는데 너무 슬펐습니다. 때가 어느 땐데 방송도 마음대로 못 보나 하고요. 여전히 여자는 경제적으로 종속된 상태구나 하는 생각이 들었습니다.

만약 그분 남편 취미가 테니스였으면 당장 테니스 중계 채널에 가입했을 텐데 남자는 내가 버는 돈이니까 내 맘대로 쓴다는 생각을 합

니다. 골프도 치고 건담 모형 같은 것도 사죠. 얼마간 돈이 들어도 괜찮습니다. 그럴 권리가 있다고 생각해요. 반면에 여자가 뭘 사려면 항상 남편 동의를 받아야 합니다.

예전에 텔레비전 아침 프로그램을 본 적이 있는데, 사회자가 주부들에게 이런 질문을 해요.

"돈 쓸 때 얼마 정도면 남편 허락을 받아야 하느냐?"

돌아온 대답이 대략 30만 원 수준이었습니다. 그 이하는 재량권이 있다는 얘기였습니다. 여러분은 어떻게 생각하세요. 그 돈이 많을 수도 적을 수도 있겠지만 분명한 것은 여자들에게 집안일을 할 의무는 있지만 수입에 대해 관여할 권리는 없다는 거예요.

그래서 여성들의 경제적 독립이 매우 중요합니다. 그래야 자기만의 삶, 내가 나로서 인정받는 삶을 살 수 있어요. 물론 최근에는 일하는 여성들이 많아지고 있습니다. 그렇지만 여전히 '집안일'에 종속된 분들이 많아요. 특히 나이 드신 분들이 그렇습니다. 게다가 운 좋게 직업을 가졌다 해도 지금과는 하는 일이 달랐어요. 예전에는 직장에서 여자가 커피 타는 걸 당연시했어요. 손님이 오면 꼭 여자 직원을 부릅니다. 그뿐 아니라 복사나 잔심부름 같은 일도 대개 여자의 몫이었습니다. 그나마 결혼을 하면 더 이상 회사에 다닐 수 없었고요. 동등한 구성원으로 인정받지 못했다는 거예요. 기껏해야 '직장의 꽃' 대접을 받습니다.

인도보다 아래인 남녀평등 지수

지금은 그나마 나아졌지요. 남성들이 하는 일을 여성들도 합니다. 그만큼 여성들의 사회 진출이 늘어났다고 할 수 있지요. 그럼에도 임금이나 승진 등에서의 차별은 여전히 존재합니다. '유리 천장'이라는 말이 있잖아요. 대놓고 말하지는 않지만, 실제로는 보이지 않는 차별이 존재해요. 어느 직급 이상은 올라가기 어렵습니다.

예를 들면 이런 거죠. 우리나라 법은 남녀 차별을 금지하고 있습니다. 그런데 실제로는 어때요. 행정부를 보면 여성 장관 비율이 28퍼센트에 불과합니다. 입법부를 볼까요. 20대 국회의원 중 여성의 비율이 17퍼센트예요. 갈 길이 멉니다. 정치는 말할 것도 없고 경제 권력의 대부분도 남자한테 있어요.

여자의 경제적 권력을 측정하는 척도로 많이 쓰이는 '500대 기업 인원 중 여성 비율'을 볼까요. 2017년 기준으로 우리나라는 2.7퍼센트로 OECD 국가 중에서 거의 최하위 수준입니다. 미국은 20퍼센트 정도이고 웬만한 나라는 30퍼센트 대입니다. 남녀 간 임금 격차도 심각해요. 2014년 OECD 자료를 보면 우리나라 여성 임금과 남성 임금의 차이는 36.7퍼센트입니다. 여자가 그만큼 덜 받는다는 얘기예요.

이런 여러 가지들을 종합해서 봤을 때 우리나라는 남녀 차별이 심각한 사회입니다. 세계경제포럼의 2015년 통계를 보면 우리나라 남

주요 국가들의 남녀 임금 격차

(단위: %, 자료: 경제협력개발기구, 2014년)

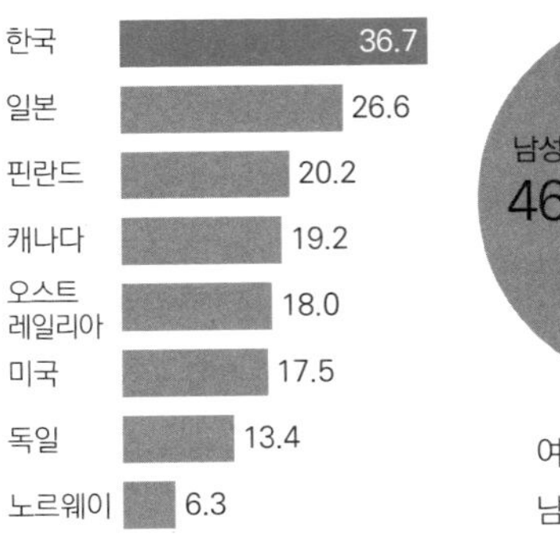

국내 비정규직 중 남녀 비율

(단위: %, 자료: 통계청, 2015년 8월)

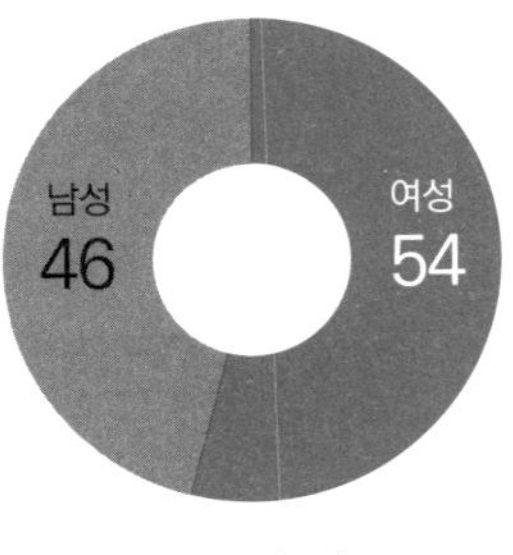

여성 339만 명

남성 388만 2000명

(자료: 세계경제포럼, 2015년)

순위	국가
1	아이슬란드
2	노르웨이
3	핀란드
4	스웨덴
5	아일랜드
6	르완다
⋮	
91	중국
108	인도
⋮	
115	한국

녀평등 지수는 115위로 중국, 인도보다 아래예요.

그런데 여러분 이런 얘기하면 남자가 더 힘든 일을 하니까 돈 더 받는 게 뭐가 문제냐, 하는 논리를 펴는 분들이 있습니다. 그런데 정말 그런가요? 여자들이 많이 종사하는 보육 교사, 영양사, 청소, 이런 일이 정말 힘이 덜 드나요? 게다가 같은 청소 일을 하는데 여자가 남자보다 적게 받는다는 사실은 어떻게 설명할 수 있을까요?

이쯤 되면 반박이 불가하죠. 사실은 사실이니까요. 그럼에도 거짓말이다, 통계가 조작됐다고 끝까지 우기는 분들이 있어요. 여성부, 통계청 등이 거짓 통계를 유포하고 있다, 뭐 이런 식으로요. 그런데 제가 지금 말씀드린 통계는 국내에서 작성된 것도 있지만 국제기구에서 한 것도 있습니다.

그러면서 한편으로 출처 불명의 통계를 제시하기도 합니다. 한때 인터넷에서 우리나라 여성부 '성 인지' 예산이 국방부 예산의 반이나 된다는 주장이 올라왔습니다. 일명 '여성부 예산 22조 원설'입니다. 당연히 거짓말이죠. 2018년도 여성부 예산이 7641억이에요. 1조도 안 되는 돈입니다. 그러면서 여성부 없애라, 뭐 하냐, 이래요. 우리나라 국방부 예산이 약 40조 원이 넘습니다. 그러니까 이런 주장을 하는 남자들이 통계를 조작한 거죠. 말도 안 되는 이유를 들며 외려 남자들이 부당하게 탄압받는다고 우기는 꼴이에요. 그냥 인정하고 남녀 차별 없이 잘 살자고 하면 될 것을 말이죠. 생수통 왜 안 가느냐고 따지지를 않나. 어쨌든 우리나라에서 여자로 살기란 참 어려운 일인 것 같아요.

그래서 지금까지 여성들이 겪는 다양한 사회적 차별에 대해 말씀을 드렸고요. 이제 좀 더 구체적으로 들어가서, 여성들이 일로 성공하기 어려운 이유가 뭔지, 우리 사회에 어떤 장벽이 존재하는지 함께 살펴볼까 해요.

앞서 여성들의 경제적 독립이 중요하다고 말씀드렸지요. 그러려면 일을 해야 합니다. 그런데 이미 사회 각 분야에게 권력을 차지한 남성들이 곱게 자리를 내주지는 않아요. 다양한 장벽들로 진입을 막습니다.

우선 여자는 능력이 아니라 외모로 평가받아요. 아무리 출중한 능

력을 가져도 단지 예쁘지 않다는 이유로 폄하합니다.

여러분, 박○○ 선수 잘 아시지요? 이분은 메이저 골프 대회를 세 차례나 연속으로 제패했어요. 엄청난 성과입니다. 여자 골프 역사상 처음 있는 일이고요. 굳이 비유를 하자면 박지성, 손흥민 선수 같은 사람들이 축구에서 이룬 성과와 비슷할까요. 그런데 사람들 반응이 어떤 줄 아세요. 운동선수가 살 좀 빼지, 입니다.

방송인 이○○ 씨도 마찬가지입니다. 경력으로 치자면 우리나라에서 손꼽히는 아나운서인데요. 이분이 방송에서 말하기를 상사에게 매번 살 좀 빼라는 말을 듣는답니다.

여자가 제아무리 실력이 좋아도 외모부터 평가받습니다. 직장 생활하는 분이라면 충분히 공감할 거예요. 여자분들 어때요, 회사에서 외모 지적 안 받으려고 아침마다 열심히 꾸미죠. 행여 화장이라도 안 하고 가면 자기 관리가 어떠네 하면서 지적을 받습니다. 남자들은 그럴 일이 없잖아요. 어제 입은 옷 그대로 입고 다음날 그냥 출근합니다. 그 시간, 그 노력, 여자들이 불리하죠.

또, 야근이라도 하게 되면 남자들은 하지 않아도 될 걱정까지 해야 합니다. 아시겠지만 우리나라에서 여성을 대상으로 한 범죄가 얼마나 많습니까. 밤늦게 일 마치고 택시라도 타려면 걱정되죠. 집에 가는 길은 또 어떻고요. 문제는 범죄의 대상이 되어도 피해자를 탓하는 사회 풍토입니다. 그러게 왜 여자가 밤늦게 다니느냐고 하잖아요. 당연히 야근을 꺼릴 수밖에요.

『남자들은 나를 자꾸 가르치려고 든다』라는 책을 쓴 레베카 솔닛이라는 사람은 이런 말까지 해요. "남자들이 여자를 강간하고 또 다른 남자들이 그것을 편들어 주는 '강간 문화' 때문에 여자들은 남자들보다 더 오래 일할 수 없다. 그것이 남자들을 더 앞서 달리게 했다."

그래서 일하려는 여성들에게 직장 환경 자체가 불리하다는 말씀을 드립니다.

다음으로 말씀드릴 게 가사 노동, 즉 집안일입니다. 일하는 여자들은 집안일까지 해야 해요. 사실 이게 여자가 일로 성공하기 가장 어려운 이유입니다. 일에 전념할 수가 없어요.

아침에 출근하면서 애부터 어린이집에 맡겨야죠. 저녁이면 데려와야죠. 야근하다가도 애 아프다고 하면 당장 달려가야죠. 회사에서 좋아할 리가 없습니다. 눈치 주고 차별합니다. 못 견디고 퇴사하는 사람들이 많아요. 한번 직장을 그만두면 재취업이 어렵습니다. 경력 단절이 오는 거예요.

여성들이 직장을 그만두는 이유는 결혼, 임신, 출산, 육아, 가족 돌봄 등 거의 대부분 집안일입니다. 남자들이 육아를 위해 직장을 그만둔다? 그런 일은 매우 드물죠. 그래서 요즘 여성들이 요구하는 게 '집안일 나누기'입니다. 서로 똑같이 일하면서 왜 여자들이 집안일을 떠안아야 하느냐는 거예요. 그러면 남자들은 말하죠. 밖에서 힘들게 일

하고 와서 집안일까지 해야 하냐고요. 저는 그 말을 할 사람은 일하는 여성들이라고 봅니다.

그런데 곰곰이 생각해 보면 이건 남자들에게도 좋은 일이에요. 지금은 남자들이 늦게까지 일하고 월급 타서 집에 가져다주고, 여자들은 집안일을 도맡아 하는 그런 구조잖아요. 여성들의 요구는 집안일을 나눠서 하자는 거고 그 말은 곧 '바깥일'도 나눠서 하자는 말이에요. 그럼 어때요? 남자들도 편하고 좋잖아요. 지금 우리 사회는 심각한 과로 사회입니다. 중년 남성 사망률이 되게 높잖아요. 왜 그러겠어요. 직장에서 스트레스 받고 회식하고 야근하고, 그러다 보니 건강 못 챙기고 무리하게 되는 거예요. 이런 구조를 바꿔야 합니다. 그래야 남자들도 살아요. 남자가 손해는 좀 보겠죠. 하지만 이득도 보잖아요. 남자들의 양보, 기득권을 내려놓는 자세가 필요합니다.

여성 혐오의 본질

상황이 이런데도 남자들은 이런 여자들의 주장을 자기들에 대한 공격으로 받아들입니다. 사회에 만연한 여성 혐오가 바로 그 증거예요. 이러한 여성 혐오는 왜 생겼을까요? 여성 혐오의 본질에 대해서 한번 살펴보겠습니다.

여러분 혹시 지하철 임산부석에 임산부 앉아 있는 거 보셨나요? 잘 모르겠죠? 노약자석과 달리 임산부석에는 일반인들이 앉습니다. 양보를 잘 안 해요. 언젠가 제가 지하철에서 황당한 걸 봤습니다. 노약자석에 노약자, 임산부, 장애인 그림이 그려져 있잖아요. 그런데 임산부 그림에만 X 표시가 되어 있어요. 누가 그 위에 쓴 겁니다. 너희들은 이 자리에 앉을 자격이 없다는 얘기예요. 전형적인 여성 혐오입니다. 꼭 그런 표시가 되어 있지 않더라도 노약자석에 임산부가 앉기란 매우 힘듭니다. 노인, 장애인 앞에서는 벌떡벌떡 일어나도 임산부에게는 안 비켜 줘요. 심지어 임산부라는 증거가 있냐고 배 한번 만져보자고 합니다. 여성들이 자기 권리를 주장할 때 제일 먼저 맞닥뜨리는 게 바로 이런 여성 혐오예요.

여자들이 제 목소리를 내고 사회 각 분야에서 능력을 발휘하자 남자들이 피해 의식을 느껴요. 자기들이 차별받는다고 생각합니다. 2015년에 〈PD 수첩〉에서 서울 지역의 20~30대 남성 500명을 대상으로 양성 평등에 대해 설문조사를 실시한 적이 있습니다. 결과가 매우 놀라웠어요. 양성이 평등하다고 대답한 사람이 20.4퍼센트, 여성이 차별받는다고 대답한 사람이 22퍼센트로 비슷했어요. 그런데 남성이 차별받는다는 응답이 무려 57.6퍼센트로 절반이 넘었습니다. 도대체 이게 어떻게 된 일일까요?

비밀은 '군대'에 있습니다. 대한민국 성인 남자라면 누구나 가야

하는 군대, 왜 너희 여자들은 안 가느냐는 거예요. 억울할 만합니다. 그 짧지 않은 기간 동안 남자들의 시간은 올스톱입니다. 아무것도 못 해요. 취업 준비도 못 하죠. 경력을 쌓을 수도 없죠. 돈도 못 벌죠. 공부도 못 합니다. 이게 남자들이 느끼는 가장 큰 '차별'이에요. 백 번 양보해서 그렇다고 치면, 우리나라 직장인의 절대다수가 남자라는 건 뭘 의미하는 걸까요? 직장에서 고위직 여성 간부 본 적 있습니까? 있어도 남자에 비해 턱없이 그 수가 적습니다. '집안일' 때문이에요. 임신, 출산, 육아로 직장을 그만두고 경력 단절이 생기잖아요. 남자들은 이런 사실을 잘 못 봐요. 그냥 군대 갔다 온 것만 서럽습니다. 그래서 차별 얘기만 나오면 예외 없이 '군대'를 들고 나와요. '기승전 군대'입니다.

이런 '여혐'이 가장 노골적으로 횡행하는 공간이 어디냐, 바로 인터넷입니다. 제가 페미니즘에 관심이 있어서 관련 내용들을 모아 놓는데, 한 5년 모았다가 바이러스로 컴퓨터 날려 먹고 또 2년 모으고 그랬습니다. 그런데 하다 보니까, 내가 왜 이러고 있나 싶어요. 굳이 모을 필요가 없더라고요. 너무 많아요. 신문기사 댓글만 봐도 우리나라 '여혐'의 양태를 한눈에 알 수 있겠더라고요.

인터넷에서 이렇게 여혐이 극성인 이유가 뭘까요? 몇 가지 이유가 있겠지만 저는 크게 세 가지를 꼽습니다.

첫째, 익명성입니다. 상대가 자기를 볼 수 없어요. 밖에서는 대놓고

우리나라 직장인의 절대다수가 남자라는 건 뭘 의미하는 걸까요? 직장에서 고위직 여성 간부 본 적 있습니까? 있어도 남자에 비해 턱없이 그 수가 적습니다. '집안일' 때문이에요. 임신, 출산, 육아로 직장을 그만두고 경력 단절이 생기잖아요. 남자들은 이런 사실을 잘 못 봐요.

여혐을 못 합니다. 성적인 농담도 못 하죠. 여자라고 깎아내리지도 못해요. 직장에서, 학교에서 그랬다가는 당장 비판받습니다. 그런데 인터넷은 어때요? 익명성을 이용해서 마음껏 속마음을 드러내고 욕합니다. 상대를 자기 편한 대로 규정해요. 예를 들면 어떤 여자가 있다, 마음에 안 든다, 그러면 '뚱뚱하고 못생긴 여자'로 설정해 버립니다.

두 번째는 만만해서입니다. 아무리 욕을 해도 신고할 확률, 잡혀갈 확률이 낮아요. 더러워서 피하지, 무서워서 피하나, 이러고 접속 안 하면 그만입니다.

세 번째는 '인정 투쟁'이에요. 인터넷에는 든든한 남자 우군들이 많습니다. 죽치고 앉아서 댓글 다는 사람들이 많아요. 이분들이 바라는 건 주목받는 거예요. 추천을 많이 받아서 베스트 댓글이 되는 게 목표입니다. 자극적일수록 추천도 잘 받고요. 서로 서로 댓글 달고 추천하고 그런 구조죠.

제가 자료를 찾다가 발견한 건데, 2017년에 인터넷에 NBA 농구 선수 관련 칼럼이 하나 올라왔어요. 그런데 여기 베스트 댓글이 뭔지 아세요? '여성부는 폐지되어야 한다.' 공감 333. 비슷한 시기에 야구 기사를 봤어요. 미국 시카고 컵스가 언제 어디서 어느 팀이랑 붙었다. 그런데 여기 베스트 댓글도 '여성부는 폐지되어야 한다.' 추천 240. 여혐을 하면 다른 사람들한테 높이 평가받습니다. 그래서 남자들이 인터넷에 죽치고 앉아 여혐을 하는 거예요. 그런데 이 현상의 문제는 정상적인 여론을 왜곡한다는 데 있습니다.

예컨대 여자들을 대상으로 한 범죄가 심각한 수준이라는 기사가 실렸어요. 여자 혼자 사는 걸 들킬까 봐 빨래도 못 널고, 더워도 창문을 닫고 있다, 이런 기사인데, 여기에 이런 댓글이 달립니다. '남자도 무섭거든요'부터 시작해서 '밤에는 원래 다 무섭습니다.' 이런 식입니다. 상식적으로 이건 아니잖아요. 성범죄 형량을 높이자거나 안전장치를 만들자거나 뭐 그래야 하는 거 아닌가요? 가족 중에 여자 없는 사람 있습니까? 자기 어머니고 동생이고 애인일 수 있잖아요.

'남자는 훨씬 더 고통스럽다. 남자는 군대 간다. 왜 군대 이야기는 쏙 빼냐.' 자, 군대 얘기 또 나왔죠. 정말 신기하지 않습니까? 이유가 뭘까요? 여러분들은 아마 웬만해서는 댓글 잘 안 달 거예요. 귀찮잖아요. 그런데 여기 이런 댓글 다는 남자들은 달라요. 뭐 없나, 하고 기회만 엿보다 딱 댓글을 답니다.

특히 남자들이 많이 모인 커뮤니티에서는 이런 여혐 댓글들이 엄청나게 추천받고 조회수가 올라가요. 여러분 포털 기사에 댓글을 보면 누가 달았는지 성별로 딱 알 수가 있게 되어 있습니다. 보면 남자가 압도적으로 많아요.

물론 젊은 남자들이 다 그렇다는 얘기는 아닙니다. 착실한 남자들 많아요. 그래서 제가 여자분들한테 말씀드리는 게 남자친구 포털 아이디 정도는 알아 둬라. 인터넷에 어떤 댓글을 달고 다니는지, 그래

야 인간성을 알 수 있다. (웃음)

그래서, 인터넷 공간에서는 압도적으로 남성들이 수적 우위를 점한다, 그런 이유로 여혐 글들이 엄청나게 늘고 있다는 걸 말씀드리고요. 이들은 여성을 직접 공격하는 데 멈추지 않습니다. 남성 범죄를 옹호하는 식으로 댓글을 달기도 해요.

"5년 새 가정 폭력 5배 증가… 피해자 75퍼센트 이상 여성" 2017년 5월 19일에 올라온 연합뉴스 기사입니다. 댓글들을 한번 볼까요. '매 맞는 남자도 조사해라', '남자들 돈 못 번다고 바가지 긁지 마라', '약자는 원래 맞게 되어 있다.' 이런 식의 댓글들이 줄줄이 올라옵니다.

여러분 작년에 '호식이 두 마리 치킨' 사장이 성추행으로 입건된 일이 있었습니다. 휴일에 비서를 나오라고 해서 술을 마시게 한 다음 호텔로 끌고 가 추행한 사건입니다. 다행히 피해자는 동료의 도움으로 탈출했다고 해요. 여기에는 또 어떤 댓글들이 달렸을까요?

'욕하지 말고 지켜보자. 꽃뱀일 가능성 있다.' 매우 신중하죠?

'누가 봐도 돈 뜯어내겠다는 거네', 'CCTV 떴다. 역시나 꽃뱀.' 대략 이렇습니다.

사건이 커지자 나중에 회장이 피해자와 합의를 합니다. 여자 쪽에서 위로금을 받고 고소를 취하해요. 그러자 또 한 번 인터넷이 난리가 나죠. '거 봐라, 내 말이 맞지'부터 시작해서 '고소해 놓고는 취하. 성폭행 추문은 거의 다 무고였네', '나도 꽃뱀이다에 한 표.' 이런 식입니다. '기승전 꽃뱀'이에요.

오프라인에서는 이런 식으로 말하는 사람이 없죠. 서지현 검사의 폭로로 촉발된 미투 운동이 한창일 때 많은 남성들이 불편해했습니다. 하지만 어디까지나 속으로만 그랬죠. 누가 미투 운동에 대해 어떻게 생각하느냐고 물으면 공감한다고 말해요. 안 그랬다가는 당장 반발에 부딪힐 테니까요. 표면적으로는 반대하지 않습니다. 그런데 인터넷만 접속하면 태도가 돌변해요. 서지현 검사 관련 댓글을 볼까요.

2018년 7월 13일 뉴시스(newsis.com)에 올라온 기사인데요, 제목이 '검찰 미투 1호 서지현 승진… 반골 임은정도 부장으로' 이렇습니다. 댓글이 어떻게 달렸나 볼까요.

'미투 할 만해. 승진 안 시켜 주면 성차별.'

'증거 없이 정황만으로 고발하다니. 검사 맞나?'

'검찰은 꼴페미 친구예요.'

미투로 승진했다고 보는 거죠. 성추행 증거도 불충분하다고 지적합니다. 성범죄가 은밀하게 자행된다는 점으로 볼 때 '객관적 증거'를 요구하는 목소리는 항상 피해자를 위축시켜 왔습니다. 그러면서 피해자가 거짓말을 한다고 몰아붙이죠. 행실을 문제 삼습니다.

실제로 우리나라 남성들은 가해자와 일반인 사이를 위태롭게 오가고 있습니다. 예를 들어 만원 지하철에서 손만 살짝 뻗으면 성추행범이 되지요. 안 하면 일반인으로 남습니다. 앞에 여자가 있기에 몰래

사진을 찍죠. 범죄자가 됩니다. 안 찍으면? 일반인으로 남습니다. 한 순간이에요. 하지만 저는 '잠재적'이라는 데 방점을 찍어야 한다고 봅니다. 아직 아니라는 뜻이잖아요. 우리가 의식하는 한, 노력하는 한 범죄를 저지를 일은 없다는 말입니다. 성에 대한 인식을 바꾸고 늘 경계하는 노력만 하면 걱정할 일이 없는 거예요.

왜곡된 성 인식의 자화상

그래서 지금까지 인터넷 공간에서 벌어지는 여성 혐오를 댓글을 통해 살펴보았는데요, 그렇다면 이러한 혐오의 효과는 무엇일까, 인터넷에서 이런 혐오를 경험했을 때 우리는 어떤 변화를 겪게 되는가 하는, 문제를 짚어 보겠습니다.

우선 왜곡된 성 인식을 들 수 있습니다. 이건 아이들이 훨씬 심각해요. 요즘 인터넷 접속 연령대가 확 낮아졌죠? 스마트폰의 영향입니다. 이 친구들은 주변 여론에 매우 민감하게 반응해요. 사람이 한 번 어떤 글을 보면 한 번쯤은 의심할 수도 있어요. '진짜 그런가?' 그러다가 여기도 문제, 저기도 문제, 하면 정말 여자들이 뭔가 잘못됐다고 느끼게 됩니다. 그 사람 잘못이 아니에요. 인간 자체가 그렇게 믿게 되어 있어요.

"예쁜이 누나들 눈썹라인은 잘 그리면서 태극기는 그릴 줄 모른다니, 부끄럽습니다."

텔레비전 인터뷰에서 어떤 초등학생 아이가 한 말입니다. 벌써 이 아이의 머리에는 '여자＝생각 없이 치장만 하는 존재'라는 인식이 형성된 거예요. 남자들은 태극기 잘 그리나요? 왜 이 아이는 여자들에 대해 이런 잣대를 적용할까요? 아마도 집안 어른들, 방송, 인터넷 같은 주변 환경의 영향이 클 겁니다. 생각해 보세요. 여자 연예인이 안중근을 모른다고 했다가 얼마나 두들겨 맞았습니까? 이 연예인을 비난하는 글들이 인터넷에 아주 도배가 됐었죠. 이렇게 서서히 형성된 왜곡된 인식은 나중에 행동으로도 이어집니다.

여러분 '유튜버 갓건배 사건' 아세요? 이 친구가 나름 유명한 게이머예요. 구독자 수도 꽤 됩니다. 인터넷에서 하도 여성 혐오가 만연하니까, 이들에 맞서 남성을 공격합니다. 자극적인 언행을 하죠. 일종의 '미러링'이라고 할까요? 상대의 정체를 알리기 위해 같은 행동을 하는 거예요. 그런데 우리나라에서는 이게 잘 안 통하는 모양입니다. 특유의 남성 연대가 작동하면서 인터넷에서 난리가 납니다. 한 BJ가 갓건배의 신상을 캐서 주소를 띄우고 죽이러 간다는 글을 남깁니다. 남자들의 엄청난 지지를 받죠. 이때 대규모로 움직인 게 바로 초등학생들이었습니다. 이제 겨우 열 살이 될까 말까 한 친구들이 여성 혐오 글들을 엄청나게 쏟아부어요.

우리나라에 왜곡된 성 인식이 얼마나 광범위하게 퍼져 있는가를 잘 보여 주는 사건이었습니다.

사회적으로 큰 반향을 일으킨 강남역 사건에서도 확인할 수 있습니다. 검거된 범인은 평소 여자들이 자기를 무시해서 죽였다고 말합니다. 전형적인 혐오 범죄지요. 당시 수많은 여성들이 모여서 희생자를 애도했어요. 거기 모인 사람들은 한결같이 피해자가 나일 수도 있었다고 말합니다. 남의 일 같지가 않은 거예요. 여러분, 이제 우리나라 여자들은 단지 여자라는 이유로 마음 놓고 길도 못 다닙니다. 그런데 이런 모습을 보고 함께 애도해야 할 남자들이 보인 반응은 사뭇 달랐어요.

"남자들이 더 많이 죽거든요?" 이런 식입니다. 통계를 보면, 살인 사건 피해자의 비율이 남자 대 여자가 51대 49로 거의 비슷해요. 그런데 그 이유를 살펴보면 남자는 대개 원한, 금전 애정 등 사적 관계 때문에 죽습니다. 대부분이 면식범인 거예요. 여자는 어때요, 강남역 사건처럼 모르는 사람이 그냥 칼로 찌르잖아요. 우리나라를 떠들썩하게 했던 연쇄살인범 사건 보세요. 피해자가 대부분 여자지요? 그러면 어때요, 여자 입장에서는 세상 전체가 공포스럽습니다. 남자는 느끼지 않아도 될 공포를 여자라는 이유만으로 느껴야 하는 거예요. 만약 강남역 사건의 피해자가 남자였다면 어땠을까요? 다 함께 애도하고 정부에 재발 방지를 요구했을 겁니다.

우리가 여성 혐오에 대해 이야기했을 때 남자들이 보이는 반응 중 재미있는 게 있습니다.

"여자를 혐오한다고? 천만에, 내가 얼마나 여자를 좋아하는데."

자기는 혐오주의자가 아니라는 거죠. 그러나 이렇게 말하는 남자들도 사실은 그것이 또 다른 의미의 혐오라는 걸 모릅니다.

'여자를 좋아한다'는 게 무슨 뜻일까요? 네, 바로 성적 대상으로 좋아한다는 이야기입니다. 남자들이 많이 활동하는 커뮤니티에 보면 거의 예외 없이 '주번나'라고 쓴 글이 올라옵니다. 주번나는 주위가 번잡하면 나중에, 라는 뜻으로 그 제목의 게시물엔 여자 벗은 사진들이 담겨 있어요.

때로 이런 게시물들을 불편해하는 여성 이용자가 뭐라고 한마디 하잖아요? 여지없이 욕을 먹습니다. 자기들이 좋아하는 여자가 불편해하면 내리는 게 당연한데 왜 저럴까요? 그들에게 여자는 온전한 인격체가 아닌 성적 대상일 뿐이기 때문입니다.

대표적인 게 '몰카' 범죄예요. 우리나라는 이 분야에서 최첨단을 달립니다. 여성들이 그렇게 항의를 해도 여전히 인터넷에는 끊임없이 몰카 사진이 올라와요. 저는 정말 이해가 안 가는 게 저렇게 항의하는데 왜 몰래 카메라 판매를 단속하지 않는지 모르겠어요. 한쪽에서는 제발 몰카 범죄 좀 막자고 항의하는데 한쪽에서는 대놓고 몰카 장비 광고를 하는 이 현상을 어떻게 이해해야 할지 모르겠습니다.

우리가 총은 강력하게 규제하잖아요. 나라에서 발급한 허가증이 있어야만 취급할 수 있습니다. 마찬가지로 몰카 장비도 유통을 통제해야 하지 않을까요? 아무나 돈만 주면 구할 수 있는 상황에서 어떻게 이걸 막겠어요. 그래서 이제 여자들은 바깥에서 화장실도 못 갑니다. 누가 자기를 찍고 있는지 아닌지 불안해해야 해요.

최근 한 30대 남자가 모텔에 몰래 카메라를 설치하고 손님들을 훔쳐보고 동영상을 유포한 사건이 있었습니다. 여자들이 항의하니까, 남자들이 자기들도 피해자라고 주장합니다. 자기도 피해를 봤으니 조용히 하란 얘기죠. 이게 무슨 해괴망측한 논리죠? 남자들은 성관계 동영상을 별것 아니라고 생각합니다. 어쩌다 자기 얼굴이 나와도 크게 신경 안 써요. 재수 없다고 생각하겠죠. 반면 여자들은 어때요, 인터넷에 성관계 동영상이 유포되는 바람에 자살하는 일까지 벌어지잖아요. 이런 심각한 범죄임에도 근절되지 않는 이유가 뭘까요? 말씀드렸듯이 남자들이 남의 일로 여기기 때문이에요.

한동안 '홍대 몰카 사건'으로 떠들썩했던 일 기억나시나요? 경찰이 남성의 누드 사진을 유출한 범인을 잡아 구속합니다. 당연한 일인데 문제는 여성이 피해자일 경우는 결코 그런 일이 벌어지지 않는다는 거예요. 그 신속함, 그 엄격함. 분노한 여성들이 혜화역에 모여 시위를 합니다. 남녀 차별 철폐하라고 몰카 단속 강화하라고.

우리나라에서 여성을 대상으로 한 몰카 범죄가 얼마나 심각한지 확인하는 일은 어렵지 않습니다. 포털에 검색어만 쳐 보면 알아요.

구글에 'woman'이라고 치면 백인 여성의 얼굴 사진이 주르륵 뜹니다. 우리나라 말로 '여자'라고 치면 야한 옷을 입고 다리를 꼬고 앉은 여자, 속옷만 입은 여자, 이런 사진이 뜨죠. 이번에는 'sister'라고 쳐보겠습니다. 카드에 적힌 글씨들이 보이네요. 해석해 보니 '그녀는 나의 여동생이다. 친하게 지내자', '여동생만 한 친구가 없다.' 뭐 이런 아름다운 글입니다. 다시 우리말로 '여동생'이라고 검색을 할까요? 음… 바로 19금이네요.

'street'로 검색해 보겠습니다. 일반적인 거리 풍경이 나오죠. 다시 '길거리'로 검색하면, 몰래 찍은 게 분명한 여성들 사진이 뜨는 군요. 여러분도 아시겠지만, 구글 검색은 사용자가 가장 원했을 법한 정보를 상위에 올립니다. 즉, 그만큼 많은 한국 사람들이, 아니 한국 남자들이 이런 정보를 찾아 헤맸다는 거예요. 이것이 바로 '여자를 좋아하는 남자'의 민낯입니다.

저는 서른까지는 평범한 남자였습니다. 집이나 사회에서도 대접받으면서 살았어요. 그게 특별하다는 생각도 못 해 봤습니다. 그러다가 글을 쓰려고 책을 읽기 시작했어요. 이것저것 닥치는 대로 읽었습니다. 그러다가 우연히 페미니즘 책을 접했어요. 충격을 받았습니다. 세상이 달리 보이더군요. 여성의 희생을 발판으로 남자들이 달리고 있었고 저도 그중 하나라는 걸 알게 되었습니다. 그때부터 페미니

즘 공부를 했어요. 책으로만 배워서 현실에서 생생한 경험을 한 분들께 늘 부끄러운 마음이죠. 그런데 저 같은 남자들이 최근 많이 생기고 있어요. 어떤 책을 보니 이런 내용이 있어요. 그분은 어릴 때 집에서 제사를 지내는데 여자들만 일하는 걸 보면서 불편했다고 해요. 어머니가 아버지보다 월급을 훨씬 더 많이 받는데도 항상 기죽어 지내고 집안일도 도맡아 했는데 그것도 이상했다고 합니다. 그래서 자기는 안 그래야겠다고 마음먹고 부엌일을 직접 하기 시작했대요. 제가 감동을 받았죠. 이런 분은 페미니스트라고 할 만도 하겠구나. 어릴 때부터 성차별에 대한 감수성을 가진 분들이 있어요. 저는 그런 분들과는 다르지만 늦게나마 열심히 노력하려고 합니다. 그럼 이상으로 강의를 마치겠습니다. 고맙습니다.